人は、誰もが「多重人格」

誰も語らなかった「才能開花の技法」

田坂広志

光文社新書

目次

第二話　「表の人格」が妨げる才能の開花　

第四話　「豊かな人間像と人間性」を開花させる技法　206

なぜ、このような本が生まれたのか?

二〇一四年、私は、この光文社新書から、『知性を磨く―「スーパージェネラリスト」の時代』という著書を上梓しましたが、この本の中で、これからの時代には、「思想」「ビジョン」「志」「戦略」「戦術」「技術」「人間力」という「七つの知性」を垂直統合した「スーパージェネラリスト」と呼ぶべき人材が活躍することを語り、そうした人材へと成長するための技法について述べました。

この技法の中で、「七つの知性」を垂直統合するためには、**置かれた立場と状況に合わせ、自分の中の「様々な人格」を切り替えて対処する「多重人格のマネジメント」**が必要であることについても述べましたが、予想を超え、多くの読者から、この「多重人格のマネジメント」についてさらに詳しく知りたいとの声が寄せられました。

一方、私は、二〇一三年から、この「スーパージェネラリスト」への成長をめざした「学びの場」として、全国から一八〇〇名を超える経営者やリーダーが集まる「田坂塾」を開塾し、活動していますが、この田坂塾の塾長講話・第六講において、この「**多重人格のマネジメントと才能開花**」について語ったところ、多くの塾生諸氏から、さらに深く学びたいとの声とともに、様々な視点からの質問を頂きました。

そうした中で、塾生の一人であり、現在、書籍編集の仕事にも携わっているT氏から、この「多重人格のマネジメントと才能開花」をテーマとして、塾長の私とT氏との「**対話形式**」で書籍を上梓してはどうかとの提案がありました。

これまで、私は、こうした「対話形式」で著書を上梓したことはありませんでしたが、「**難しいテーマだからこそ、肩に力が入らない形式で、楽しく、分かりやすく語ることが**必要なのでは」とのT氏の提案に賛同を覚え、本書を上梓することにしました。

幸い、改めて読み直してみれば、読者の視点から、適宜、大切な質問を発し、議論を深めてくれるT氏の力量にも支えられ、本書は、冗談や笑いも交えた柔らかいスタイルで、難しくなりがちなテーマを、分かりやすく語った著書になったかと思います。

ただ、私のこれまでの著書を読まれてきた読者諸氏は、本書において、私の「全く違った人格」「知らなかった人格」を、様々に感じられることと思います。

それもまた、「多重人格」の好例として、楽しんで頂ければ、幸いです。

二〇一五年四月一七日　　田坂広志

第一話　人は、誰もが「多重人格」

――田坂先生、この対話においては、「**人は、誰もが『多重人格』**」というテーマで話を伺っていきたいと思いますが、よろしくお願いします。

田坂　分かりました。ただ、最初に、なぜ、このテーマに興味を持たれたのか、改めて伺っておきたいと思います。

――実は、先日、私は、「多重人格のマネジメント」に関する先生の講演を聴く機会があったのですが、その講演の中で、大変興味を惹かれた言葉が、幾つもありました。
特に興味を惹かれたのは、講演資料にも書かれていた、次の言葉です。

人は、誰もが、心の中に「幾つもの人格」を持った「多重人格」です。
しかし、通常は、仕事や生活の状況や場面に合わせて、
その「多重人格」の中から、ある人格を選び、働き、生活しています。

しかし、自分の中に隠れている「幾つもの人格」に気がつき、
それらに光を当て、意識的に育て、
状況や場面に応じて適切な人格で処することを覚えるならば、
自然に「幾つもの才能」が開花していきます。

それゆえ、自分の中に眠る「幾つもの才能」を開花させたいと思うならば、
自分が意識していなかった「幾つもの人格」に気がつき、
その「多重人格のマネジメント」を行うことが不可欠です。

「多重人格のマネジメント」を行うことによって、
「多様な才能」が開花していきます。

田坂　ああ、それは「**多重人格のマネジメントによる才能開花**」というテーマの講演ですね・・・。

たしかに、あのテーマの講演では、必ず、「人は、誰もが『多重人格』です」と述べ、「多様な才能」を開花させるための「多重人格のマネジメント」について述べています。

ただ、ここで言う「マネジメント」とは、「自分の中にある幾つもの人格を、どう活用するか」といった意味の言葉ですが・・・。

――それにしても、なぜ、この「多重人格」というテーマに、そこまで強い興味を持たれたのですか？

「多重人格」の講演スタイル

――　実は、先生の講演を聴いていて、先生の**講演のスタイルそのものが、「多重人格」**だと感じたからです。

例えば、先日の講演において、先生は、最初は、静かに控えめな雰囲気で話を始められましたね。しかし、段々、話が熱を帯びてくると、信念に満ちた力強い言葉で語り、説得力を感じさせる雰囲気になっていきました。けれども、その話に聴衆の方々が集中して聴き入っていると、ふと、その緊張を解きほぐすように、脱線のような冗談を言われます。そして、その冗談に多くの聴衆が笑い、リラックスすると、今度は、その心に深く語りかけるように、静かに心に沁《し》み入るメッセージを述べられます。そうした緩急自在の話の最後は、あたかも、詩人が詩を語っているような雰囲気のエンディングになりました。

　話が終わり、聴衆の拍手を聴きながら、なぜ、先生の講演は、九〇分の話を聴いても、時間が短く感じられるのか、分かったような気がしました。そして、その先生の講演のスタイル、**あたかも、「幾つもの人格」を切り替えながら話をしているようなスタイル**を拝見すると、「人は、誰もが『多重人格』です」という言葉に説得力を感じたのです。

　それが、今回、この「人は、誰もが『多重人格』」というテーマで対話を行うことを、お願いした理由です。

田坂　ああ、そうですか・・・。あの私の講演を聴かれて、そんな風に感じられたのですか・・・。少し恥ずかしいような気がしますが・・・。

たしかに、私は、一人の話者として、色々な「人格」を切り替えながら講演を行っています。言葉を替えれば「多重人格のマネジメント」を行いながら、話をしています。

――先生は、昔から、色々な「人格」を切り替えながら、講演をしていたのですか？

自然に切り替わる「講演人格」

田坂　いえ、そんなことはありません。昔は、「一つの人格」で講演をしていましたよ。

――それが、なぜ、「複数の人格」で講演をするようになったのですか？

田坂　昔は、「一つの人格」で講演をすることができたのです。なぜなら、講演のテーマも、当時、上梓していた著書、『**これから日本市場で何が起こるのか**』や『**なぜ日本企業では情報共有が進まないのか**』などに関連した、ネット革命論や情報革命論のテーマが多かったからです。

しかし、その後、『**仕事の思想**』や『**未来を拓く君たちへ**』などの著書を上梓し、仕事論や人生論のテーマで講演をする機会が増えてくると、少し違った人格で話をせざるを得なくなったのです。

――少し違った人格というと・・・？

田坂　敢えて言えば、ネット革命論や情報革命論を語るときは、「**講談モード**」の人格が出てきますね（笑）。一方、人生論や仕事論のときは「**思索モード**」の人格が出てきます・・・。

――しかし、先生は、それ以外にも、『**生命論パラダイムの時代**』や『**複雑系の知**』など、哲学書、思想書のジャンルの著書も上梓されていますね。こういうテーマで講演をされるときは、どういう人格になるのですか・・・？

田坂　やはり、「**学者モード**」の人格ですかね・・・。

――なるほど、要するに、著書が増え、講演のテーマが増えるに従って、そのテーマに合わせて、講演ごとに、**「人格」と「講演モード」**を切り替えて話をされるようになったわけですね。

しかし、それが、なぜ、一つの講演の中で、「人格」と「講演モード」を切り替えながら、話をされるようになったのですか？

田坂　一つの講演の中でも、**「静かに語るべきメッセージ」と「力強く語るべきメッセージ」、「心に沁み入るように語るべきメッセージ」と「楽しい雰囲気で語るべきメッセージ」**などがあるからです。また、一つの講演の中に、ビジョンや戦略を語る部分と仕事や人生を語る部分など、異なったテーマが入ってくると、こうした「人格」と「講演モード」の切り替えが必要になってくるからです。

――なるほど、それが理由ですか・・・。

では、最近の先生は、講演のとき、幾つの人格を切り替えながら、話をされているのでしょうか？　また、どのような人格を切り替えながら、話をされているのでしょうか？

田坂　ストレートな質問ですね・・・（笑）。

真面目に数えたことはないのですが、私の講演は、「**講談モード**」「**漫談モード**」「**真剣モード**」「**演説モード**」「**学者モード**」「**思索モード**」「**詩人モード**」など、幾つもあります。その数だけ、人格を切り替えて話をしているということでしょう。ただ、一つの人格、一つのモードで話をすることもあれば、幾つもの人格とモードを切り替えながら話をするときもあります。

あなたが聴かれた講演は、おそらく、「思索モード」から「講談モード」へ、さらに、「漫談モード」から「思索モード」「詩人モード」へと人格を切り替えながら話をした講演ですね。

――「漫談モード」というのがあるのですか・・・（笑）。

先生は、「漫談モード」だけで講演をすることがあるのですか・・・？

田坂　ありますね。最近は、さすがに少なくなりましたが、二〇年くらい前は、「二時間、聴衆、笑いっ放し」といった講演もやっていましたね・・・(笑)。

――その講演、一度聴いてみたいですね・・・(笑)。

冗談はさておき、先日は、その「漫談モード」ではなく、「講談モード」を中心とした講演でしたが、あの講演を聴かせて頂いて、先生の「話術」は、九〇分間、一瞬も聴衆を飽きさせずに語る「**プロフェッショナルの話術**」と思いました。

やはり、一人のプロフェッショナルとして、「話術」という才能を磨いていくためには、「多重人格のマネジメント」が必要なのでしょうか？

話術の要諦は「人格の切り替え」

田坂　そうですね。ある意味で、「**話術」の要諦は、「人格の切り替え**」でしょう。

楽しい話をしているときと、悲しい話をしているときで、当然、話者の中から、違った雰囲気の人格が出てくるでしょう。聴衆に深い共感を求めて語りかけるときの人格と、聴衆の笑いを誘うときの人格は、当然、違ったものになるでしょう。
その意味で、「**プロフェッショナルの話術**」**の要諦は、**「**多重人格のマネジメント**」と言えます。

――なるほど・・・。やはり、「多重人格のマネジメント」ですか・・・。
しかし、率直に伺いますが、そうは言っても、そもそも、先生は、元来、話は上手だったのですよね？

田坂　いえ、多くの方が、そう思われるようですが、実は、違います。
私は、高校時代までは、話下手でした。クラス討論などでも、同級生から「田坂君の話は、何を言いたいのか分からない・・・」などと言われていました・・・(笑)。

――その話は、俄《にわ》かには信じがたいのですが・・・。もし、そうだとして、その「**話下手の高校生**」が、どのようにして「**プロフェッショナルの話者**」になったのでしょうか？

田坂　その秘密を語ることが、この対話の目的でもあると思いますが・・・(笑)、先を急がず、順番に話をしていきましょう。

――ぜひ、お願いします。

田坂　ただ、この対話を始める前に、一つ、覚悟しておいて頂きたいことがあります。

――何でしょうか?

田坂　この対話のテーマが「多重人格」であるならば、この対話においても、私の中の「様々な人格」を切り替えながら、話を進めさせて頂きます。**話の展開に応じて、色々な「人格」が出てきます**が、それに驚かないように・・・(笑)。

――先日の講演のような感じですね・・・。分かりました。むしろ、楽しみです(笑)。

田坂　そうですか。それでは、早速、始めましょう。

「多重人格」のミュージシャンとアスリート

――ここまで、話術のプロフェッショナルは「様々な人格」を切り替えながら話をするということを述べられていますが、先生は、先日の講演の中で、「**分野を問わず、一流のプロフェッショナルは『多重人格』であり、『様々な人格』を切り替えながら仕事をしています**」とも言われていました。

分野を問わずということならば、**音楽家やミュージシャン**もそうですか？　彼らも、「人格」を切り替えながら、「多重人格」で仕事をしていますか？

田坂　そうです。例えば、かつて世界の音楽界を席巻したビートルズのポール・マッカートニー。彼が、「イエスタデイ」や「ミッシェル」を抒情的に歌うときと、「アイム・ダウン」や「ペーパーバック・ライター」を絶叫しながら歌うときは、全く違う人格で歌っているでしょう。

――突然、古いミュージシャンの名前が出ましたね・・・。先生の年齢を感じさせる例ですね・・・(笑)。

田坂　いや、世代を超えて誰もが知っている世界的なミュージシャンの例として挙げただけです。多少、私の好みも入っていますが・・・(笑)。

そもそも、ミュージシャンという仕事は、講演という仕事と同じで、講演においては、「楽しい話」と「悲しい話」で別人格が出てくるように、演奏や歌唱においても、**「楽しい曲」と「悲しい曲」では、別人格**が出てくるでしょう。

――そう言われれば、たしかに、ミュージシャンは「多重人格」でなければ、仕事にならないような気がしますが・・・、では、**アスリート**は、どうでしょうか？　アスリートの場合には、「楽しい競技」と「悲しい競技」があるわけではないと思うのですが？

田坂　「多重人格のマネジメント」という意味では、アスリートも同じです。一流のアスリートは、競技において、「幾つもの人格」をマネジメントしています。

これも世界的に知られている野球選手のイチローの例を挙げましょう。

彼が、一〇年連続二〇〇本安打の記録に挑戦している一〇年目の年に、あるインタビューで「記録達成に向けて、大変なプレッシャーではないですか？」と聞かれ、こう答えています。

「ええ、当然、大変なプレッシャーですよ。胃が痛くなるときもあります。しかし、一方で、そのプレッシャーを楽しんでいる自分もいるのですね」

この言葉に象徴されるように、**一流のアスリートは、勝負や記録の前でプレッシャーを感じる自分と、そのプレッシャーを楽しむ自分が、バランスよく存在しているの**です。逆に、そのどちらかの人格だけでは、本当の力を発揮できないのです。前者だけでは、プレッシャーに潰れてしまうし、後者だけでは、プレッシャーを「追い風」にできないからです。

――なるほど、その意味では、ミュージシャンや講師も、そのプレッシャーに対する「多重人格のマネジメント」が求められますね？

田坂　その通りです。何万人のファンが集まるコンサートや、何千人の聴衆が集まる講演会においては、ミュージシャンや講師には、「プレッシャーを感じる自分と、それを楽しむ自分」という二つの人格が求められますね。

――先生も、そういう瞬間がありますか？

田坂　そうですね。二〇〇〇人くらいの聴衆が集まられる講演会などでは、少しプレッシャーを感じますね。同時に、それを楽しんでいる自分もいますが・・・。
ただ、プロフェッショナルとしての修業を続けていると、その**二人の自分を静かに見つめている**「**三人目の自分**」が出てくるのですね・・・。

――ええ？　「三人目の自分」ですか・・・？

田坂　そうです。「三人目の自分」です。それは、役者など、**演劇のプロフェッショナル**の世界でも言われることですね。

ある熟練の役者が、「**演じている自分、それを観ている自分、そして、その二人を、少し離れたところから見つめている自分がいる**」と言われていますが、この言葉は、その機微を表した言葉でしょう。

――うーん、その「三人目の自分」という領域は、私のような普通の人間には、まだ想像できないですが、たしかに、ミュージシャンやアスリートや役者など、一流のプロフェッショナルが、「多重人格のマネジメント」を行っていることは、よく理解できました。

では、全く別の分野で、経営者などは、どうでしょうか？

一流の経営者は、昔から「多重人格」

田坂　**経営者**は、昔から、「多重人格」でなければ務まらない職業ですね。

例えば、全社員の前で会社の将来ビジョンを語るとき、「**ロマンと情熱**」を持った人格が前面に出てこなければ、社員の心に火をつけることはできないでしょう。一方、経営会議で経営陣を相手に収益計画の話をするとき、「**数字の鬼**」とでも呼ばれるような厳しい人格が前に出てこなければ、企業の存続さえ危うくすることがあります。そして、若手社員に対しては、「**優しい親父**」といった人格で接する一方、幹部やマネジャーに対しては、「**強いリーダー**」の人格で処する必要があります。

それゆえ、一流の経営者は、誰もが「複数の人格」を見事に使い分けているのですね。

――たしかに、そうですね・・・。ただ、最近では、そうした経営者は少なくなっているように見えますが・・・。

田坂　その通りです。その一つの理由は、「**グローバル資本主義**」の潮流の中で、「経営者の役割は、収益を最大化することと、企業価値や株価を上げることだ」といった深みのない「経営思想」が広がったため、「数字に強く、管理が巧みな経営者が優れた経営者だ」という風潮が強くなったからでしょう。

しかし、経営者というものは、本来、様々な人格を持ち、それを場面や状況に応じて自在に使い分けられることが高度に求められる職業です。「**部下や社員のマネジメント**」以前に、「**自分自身の複数人格のマネジメント**」が、洗練されたレベルで求められる職業なのです。

――それは、**政治家**も同じですね？

田坂　そうです。それが一流の政治家であるならば、必ず、「複数の人格のマネジメント」を、意識的にも、無意識的にも、見事に行っています。

私は、世界経済フォーラムの年次総会、**ダボス会議**で、毎年、各国の大統領や首相のスピーチを聴きますが、**イギリスの元首相、トニー・ブレア**などは、一つのスピーチの中で、幾つもの人格を使い分けて話をしますね。スピーチの冒頭、卓抜なジョークで聴衆の心を掴《つか》んだかと思うと、テロとの戦いなどの話になると、鋼《はがね》のような信念を語り、話題がNPOなどの社会貢献の話になると、爽やかな笑顔で、聴衆の心に沁み入る話をします。見事に人格を切り替えて話をしますね。

また、**ロシアの大統領、プーチン**は、カメラやマイクのあるメディアのインタビューのときは、あの「真面目な仏頂面の人格」で話をしますが、よく知られているように、カメラやマイクが無い、オフレコの状態になると、急に、「饒舌に冗談を語る人格」になります。

「器の大きな人物」という言葉の真の意味

――たしかに、政治家は、「様々な人格」の使い分けが、最も求められる仕事でしょうね・・・。ただ、最近、日本には、そうしたことができる政治家も、少なくなっているように思いますが・・・。

田坂　その印象は、否めないですね。言葉を替えれば、「**器の大きな政治家**」が少なくなっているのかと思います。

――「**器**」ですか・・・？

田坂　そうです。日本語で「**器の大きな人物**」という言葉がありますが、この言葉の本当の意味は、「**自分の中に、幾つの自分、幾つの人格を持つことができるか**」という意味での「器」なのですね。従って、昔から日本では、そうしたことができる政治家や経営者を、「器の大きな政治家」「器の大きな経営者」と呼んできたのです。

――　なるほど、「器が大きい」ということは、単に「**清濁併せ呑む**」や「**包容力**」といった次元の話ではないのですね・・・。

田坂　いや、「清濁併せ呑む」ことや、「包容力」を身につけるためには、まさに、自分の中に「様々な自分」が在り、その「多重人格のマネジメント」が求められるのです。ただ、その話をすると長くなるので、また、別の機会に話しましょう。

――　そうですね。また、別な機会に、ぜひ聞かせてください。
ところで、先生に一つ質問なのですが、先ほどから先生は「**多重人格**」という言葉を使われていますが、この言葉は、本来、**精神病理学**などでは、「**精神の病**」の**状態を表す言葉**ではないのでしょうか？

「多重人格」とは、精神の病ではない

田坂　大切な質問ですね・・・。たしかに、精神病理学では、「多重人格」とは、「**精神の病**」の状態を表す言葉です。ただし、その場合の「病」とは、**ある人物の中に「複数の人格」があり、一つの人格が表に出ているとき、別の人格の存在に気がつかない状態や、その別の人格が自分であることに気がつかない状態**を指すのです。

例えば、映画で言えば『**レイジング・ケイン**』などが、そうした精神病理の人物を描いています。この主人公は、ある人格で殺人を犯した後、元の人格に戻ると、自分が殺人を犯したということを覚えていないのです。同様に、ダニエル・キイスのノンフィクション小説『**二四人のビリー・ミリガン**』も、そうした人物を描いています。これも、一人の人物の中に「複数の人格」があり、そのうちの一つの人格が犯罪を行っても、他の人格のときには、犯罪人格のときに何を行ったかを全く記憶していないという「精神の病」です。

――それは、アルフレッド・ヒッチコックのサスペンス映画『**サイコ**』の主人公、ノーマンも同様ですね？

田坂　そうです。あのベイツ・モーテルの経営者、ノーマン・ベイツですね。これは、自分で殺した母親の人格に、突然なってしまうという人物を描いた作品です・・・。映画のことを、よくご存じですね（笑）。

――昔から、映画は好きなので、古い映画もよく観ています・・・（笑）。

田坂　なるほど、それで、『サイコ』ですか・・・（笑）。
たしかに、映画『サイコ』や『レイジング・ケイン』で描かれた人物の事例は、まさに「精神の病」と呼ぶべきものですが、ここで私が申し上げる「**多重人格のマネジメント**」とは、**自分の中にある様々な人格の、どの人格の存在も自覚しており、置かれた状況や場面に、どの人格で処するかを、意識的に判断し、瞬時に、人格の切り替えができることを**

意味しており、決して「精神の病」を意味しているのではないのです。精神病理学でも、それが「病」の状態の場合には、**「多重人格障害」や「解離性同一性障害」**というように、「障害」という言葉が使われています。

――なるほど、先生の言われる**「多重人格」**と**「多重人格のマネジメント」**の意味は、よく分かりました。それは、決して**「精神の病」ではない**ということですね。

しかし、先生が先ほどから挙げられている例は、やはり、一流のミュージシャン、アスリート、役者、経営者、政治家などの例であり、我々、普通の人間には、その「多重人格のマネジメント」は、なかなかできないのではないでしょうか？

誰もが持っている「複数の人格」

田坂　いえ、そんなことはありません。少し修業をすれば、誰でも、この**「多重人格のマネジメント」はできるようになります。**いや、正確に言えば、**すでに、誰でも、この「多重人格のマネジメント」は、多かれ少なかれ、無意識にやっているの**ですね。

――すでに、無意識に「多重人格のマネジメント」をやっている・・・。その話を伺いたいですね。

田坂　分かりました。この後、その話をしたいと思いますが、その前に、まず、理解して頂きたいのは、そもそも、**我々は、誰もが、自分の中に「複数の人格」を持っているということです。**

例えば、会社では辣腕《らつわん》の課長、家に帰れば子煩悩な父親、実家に戻れば母親に甘える三男坊、といった人物は、決して珍しくないでしょう。

――ああ、いますね、そういう人・・・。私の知人で、会社では真面目な経理課長なのですが、競馬などのギャンブルになると、妙に熱くなる人がいます。たしか、この課長、子煩悩だとも聞いていますが・・・(笑)。

田坂　その方、経理課長でギャンブラーというのが、少し怖いですね・・・(笑)。

ただ、私の経験でも、昔、大企業に勤めていた頃、職場の社員旅行に行って、夜の大宴会になると、最も羽目を外すのは、経理課だったような気がしますね。逆に、日常、派手な仕事をしている営業課は、意外に、大人しいのですね・・・(笑)。

これは、脱線ではなく、後で話す「**人格の抑圧**」の**問題**とも関連してくるのですが、職業上、「真面目な人格」を前に出さざるを得ない人は、その職業的状況から離れたとき、日々の仕事において求められる「**真面目な人格」の陰に抑圧していた「別人格」が表に出てくる**ことは、しばしばあります。

―― それは、特に、酒を飲んだときに、出てくる人格ですね・・・(笑)。

田坂 そうですね。その人格で、折角の人間関係を壊してしまう人もいますね(笑)。

いずれにしても、**我々は、誰もが、自分の中に「複数の人格」を持っている**のですね。

そして、仕事のときと、私生活のときに、違った人格が出てくることは、むしろ、普通のことなのですね。

また、我々は、**どのような職業に就くかによって、表に出てくる人格が違ってきます**。

例えば、我々が、老人福祉施設の介護士になった場合と、プロのボクサーになった場合を想定すれば分かりやすいでしょう。また、昼は介護士を務めながら、夜はボクサーとしてのトレーニングをする場合、昼と夜とでは、異なった人格が前に出てくるでしょう。

――実際、日常は、介護の仕事に就いていながら、夜は、格闘技で世界一をめざしている知人がいますが、昼と夜で、違った仕事をしている人は、決して少なくないですね。

田坂　そうですね。そうした例は、決して珍しくないですね。

いずれにしても、このように、一流のミュージシャン、アスリート、役者、経営者、政治家でなくとも、我々普通の人間も、誰もが、自分の中に「複数の人格」を持っているのです。

ただ、**問題は、それを自覚しているか、自覚していないかです。**

――それを自覚しているか、自覚していないかで、何が違ってくるのでしょうか？

田坂　それを自覚しているだけで、「多様な才能」が開花していきます。

――「多様な才能」が開花するのですか・・・？

田坂　ええ、自分の中にある「複数の人格」を自覚し、置かれた状況や立場によって「異なった人格で対処する」ということを意識的に行うならば、自然に「様々な才能」が開花していきます。その「多重人格のマネジメント」を行うだけで、我々の中に眠っていた「多様な才能」が開花し始めます。

――その話を、ぜひ、詳しく聞かせてください。

「才能」の本質は「人格」

田坂　それが、この対話の目的ですが、これも順を追って話をしていきましょう。
まず最初に、理解して頂きたいことがあります。

「才能」の本質は、「人格」である。

そのことを理解して頂きたいのです。

よく、「あの人は、何々の才能がある」といった表現をしますが、この「何々の才能」とは、その大半が、その人物の**「人格」や「性格」**と呼ばれるものなのです。

――「才能」の本質は、「人格」や「性格」ですか・・・。

田坂　そうです。だから、ある人が、ある仕事に向いていないとき、我々は、**「彼は、性格的に、この仕事に向いていない・・・」**といった表現をするのです。「彼は、この仕事に才能が無い・・・」といった言い方は、あまりしません。

――なるほど・・・。それは、数学者の「数学的思考の才能」や、時計職人の「手先の器用さの才能」なども、そうですか？

田坂　そうです。**数学者**の「数学的思考」の奥には、**緻密で論理的な思考を好む**「**人格**」があります。**時計職人**の「手先の器用さ」の奥には、**微細で正確な作業を楽しむ**「**人格**」があります。もとより、「才能」と呼ばれるもののすべてが「人格」ではありませんが、通常の「才能」と呼ばれるものの大半は、「人格」が占めているのです。

――「才能」のすべてが「人格」ではないという意味は・・・？

田坂　例えば、数学で言えば、数学のノーベル賞であるフィールズ賞を取るような天才的数学者、音楽で言えば、ショパン・コンクールで優勝するような天才ピアニストの領域になると、「**人格**」**だけでは辿り着けない**「**天与の才能**」**の世界**があります。しかし、通常のプロフェッショナルの世界では、「才能」と呼ばれるものの大半は、「人格」や「性格」と呼ばれるものが支えているのです。

――なるほど、「人格」や「性格」ですか・・・。

田坂　少し脱線しますが、私が大学院で研究を行っていた頃、同じ研究室に、難しい数学の論文をすらすらと読みこなしている後輩がいたのです。肩越しに覗き込んで、その数式を見ると極めて難解な数式だったので、思わず彼に、「君は、この数式が理解できるのか・・・？」と聞いたのです。すると、彼は、控えめな口調で、こう言ったのです。
「ええ、僕は、こうした数式を眺めていると、頭の中が、すーっとクリアになっていくのです。逆に、文学などを読んでいると、頭がくらくらしてくるのです・・・」

――　普通は、逆ですよね・・・(笑)。

田坂　やはり、彼は、「性格的」に、数学に向いているのですね・・・(笑)。
まあ、こうした極端な例は、さておき、特に、ビジネスの世界や実社会で求められる「才能」は、その大半が「人格」や「性格」であると思っておいた方がよいですね。

――　なぜでしょうか？

「人の心に処する力」という才能

田坂　ビジネスの世界や実社会での仕事は、営業であれ、企画であれ、交渉であれ、プロジェクト・マネジメントであれ、その仕事において求められるのは、「**人の心**」に**処する力**だからです。すなわち、この世界で求められる「**才能**」の**ほとんどが**、「**人格**」**や**「**性格」と密接に結びついている**からです。

――だから、「**才能**」**の本質は**「**人格**」だ、と言われるのですね？

田坂　そうです。例えば、営業の仕事においては、「顧客の気持ちを感じ取る力」が一つの才能となりますが、この場合、「顧客の言葉のニュアンスや表情・仕草の変化を敏感に感じ取る**細やかな人格**」が、その才能を支えます。

　例えば、企画の仕事においては、「企画メンバーから創造的な意見やアイデアを引き出す力」が一つの才能になりますが、この場合、「メンバーが自由に意見を言える雰囲気を作り、そのアイデアを励ます、包容力ある**温かい人格**」が、その才能を支えます。

同様に、例えば、交渉の仕事では、「何があっても感情的にならない力」が一つの才能ですが、「**冷静な人格**」が、その才能を支えます。また、プロジェクト・マネジメントの仕事では、「仕事の正確さについてメンバーからの信頼を得る力」が一つの才能ですが、「**緻密な人格**」が、その才能を支えます。

――　なるほど・・・。だから、**それぞれの仕事において、必要な「人格」を育てることが、必要な「才能」を育てること**だと・・・。

田坂　その通りです。しかし、この話は、まだ「入り口の入り口」にすぎません。

――　「入り口の入り口」ですか・・・？

田坂　そうです。なぜなら、営業でも、企画でも、交渉でも、プロジェクト・マネジメントでも、どのような仕事でも、**一つの仕事に求められる「才能」は、一つではなく、それゆえ、一つの仕事に求められる「人格」も、一つではない**からです。

――頭が、少し混乱してきましたが・・・（苦笑）。

仕事に求められる「複数人格」の切り替え

田坂　では、分かりやすい例を挙げましょう（笑）。
そもそも、**「仕事のできる人」とは、どのような人か**、を考えてみればよいでしょう。

――「仕事のできる人」ですか・・・。

田坂　そうです。結論から言えば、**「仕事のできる人」とは、「場面や状況に応じて、色々な人格を切り替えて対処できる人」**です。
例えば、先日、銀行に行ったとき、象徴的な場面があったので、紹介しましょう。
その日は、銀行口座についての少し煩雑な手続きをするために行ったのですが、あいにく、窓口にいたのは「研修生」というバッジをつけたスタッフでした。しかし、その後には、先輩行員が座って、適宜、指導をしながら業務を進めるという、いわゆる「ＯＪＴ」、「オン・ザ・ジョブ・トレーニング」の状況でした。

予想通り、研修生が、煩雑な手続きに手間取りながら操作をしていると、その先輩行員は、待たされている私の気持ちを感じ取り、すぐに前に出てきて、にこやかに応対し、「いま、手続きを終わらせますので」と言って、研修生の代わりに、てきぱきと端末の操作を始めました。一方で、横で見ている研修生に対しては、表情を崩さず「この処理のときは、この操作をするのよ」と手短に指導をしています。そして、すべての手続きが終わると、その先輩行員は、またにこやかに「お待たせしました」と挨拶をし、続けて、「ご依頼の処理は、このように、間違いなく処理されています」と念のための確認をしました。

私は、その先輩行員の熟練した仕事ぶりに感心しながら銀行を後にしましたが、これが、まさに、「仕事のできる人」の典型的な姿です。

――たしかに、その先輩行員は、「仕事ができる人」ですね・・・。業務に慣れているし、仕事がてきぱきと速いですね・・・。

田坂　たしかに、その意味でも、「仕事のできる人」ですが、実は、この人の優秀さの本質は、「業務に慣れている」ことでも、「仕事が速い」ことでもありません。

この人の優秀さの本質は、**自分の中に「何人もの人格」がいて、状況に応じて、「最も適切な人格」が前に出てくること**です。そして、その「複数の人格」を、瞬時に使い分ける能力があることです。

――なるほど、まさに「**多重人格のマネジメント**」ができるということですね・・・。

田坂　そうです。この先輩行員は、横で見ていると、見事なほどに、人格の切り替えを行っています。まず、私が時間を気にしているのを感じ取るや、すぐに研修生の代わりに出てきて、にこやかに応対してくれましたが、この瞬間には、顧客を不快にさせないよう応対する「**温かく親切な人格**」が前に出てきています。しかし、口座の閉鎖や開設、お金の送金という正確さが求められる操作に向かうときには、顧客からの信頼を得られる「**几帳面で細やかな人格**」が前に出てきています。さらに、後輩の研修生を指導する瞬間には、「**厳しくも包容力のある人格**」が前に出てきています。

　このように、**どのような分野であれ、どのような職業であれ、「仕事のできる人」は、無意識に、「様々な人格」を、状況に応じて適切に使い分けているのです。**

――「無意識に」ですか・・・？

田坂　そうです。仕事のできる人は、ほとんどの場合、こうした「様々な人格の切り替え」を、意識せず、滑らかに行っています。そのため、注意深く見ていないと、その「人格の切り替え」の瞬間は、気がつかないでしょう。本人も、気がついていないことが多いからです。

　ちなみに、ビジネスの世界で使われる「**あの人は、身のこなしが良い**」といった表現は、実は、こうした「滑らかさ」を意味している言葉でもあるのですね。

――「**身のこなし**」**という**言葉には、そうした深い意味があるのですか・・・。

田坂　そうです。この言葉は、**無意識に身につけた「人格の切り替え」が滑らかだ**、という意味もあるのです。

分かりやすい例を挙げましょう。

例えば、昼食休憩の後の職場で、若手社員の田中君が、同僚と、昨日のワールドカップの試合結果について語り合っている。そこに、課長が、営業先から戻ってきて、少し厳しい雰囲気の声で、「田中君、ちょっと来てくれ」と言う。その声を聞き、田中君、戸惑いながら、「は、はい、何でしょうか・・・」と言い、もたもたとした足取りで、課長の席までやってくる。

これは、「身のこなし」の悪い例です。休憩時間のリラックスモードと、仕事時間の臨戦態勢モードの「人格の切り替え」が素早くできていないからです。

これに対して、同じ状況で、若手社員の鈴木君は、「鈴木君、ちょっと来てくれ」の課長の声に対して、瞬間的に表情が変わり、「はい！　何でしょうか」と答え、きびきびとした足取りで、課長の席にやってくる。これは、リラックスモードから臨戦態勢モードへの「人格の切り替え」が素早くできる、いわゆる「身のこなし」の良い例です。

——なるほど、職場を見渡せば、そうした意味で、「身のこなし」の良いタイプと悪いタイプがいますね・・・。少し、耳が痛いですが・・・(笑)。

田坂　いや、若手社員のときは、おおむね、この「身のこなし」は悪いのですね。私自身も、そうだったような気がしますが・・・(笑)。

しかし、仕事に真剣に取り組んでいると、瞬間的に、この「人格の切り替え」ができるようになり、「身のこなし」が良くなり、「仕事ができる」ようになっていくのですね。

――その話を伺うと、逆に、**「仕事ができるようになりたい」と思う修業中の人は、この「人格の切り替え」を、意識的に行うことから始めるべき**だということですね？

田坂　その通りです。**「仕事ができる人」になりたいと思うならば、まず、自分の中に「様々な人格」を育てることを行うべき**です。そのうえで、それらの「様々な人格」を切り替えながら、仕事に取り組むべきです。

――そのためには、どのような修業をすればよいのでしょうか？

メールの書き方で分かる「人格切り替え能力」

田坂　最も身近な修業の方法として、「ビジネスメール」の書き方を工夫するという修業があります。

――「ビジネスメール」が、修業になるのですか？

田坂　なります。逆に言えば、**「ビジネスメール」の書き方を見ていると、その人の「人格切り替え能力」が透けて見えます。**「仕事のできる人」は、ビジネスメール一つでも、丁寧に「人格」を切り替えながら書きます。これに対して、「仕事のできない人」という評価を受ける人は、ただ一つの「人格」で、すべての仕事をしようとする傾向があり、ビジネスメール一つでも、「人格の切り替え」をせず、**「紋切型」のメール**、**「省エネ型」のメール**を書くのですね。

――例えば？

田坂　例えば、相手が誰であろうと、「いつもお世話になっております」という書き出しでメールを出す人がいます。思わず笑ってしまう例で言えば、数時間前に一緒に会議を行った人から、この「いつもお世話になっております」という紋切型の言葉で始まるメールをもらうことがあります（笑）。

――　うーん、思い当たることが多いですね・・・（苦笑）。そうした「紋切型メール」は、決して少なくないですね。でも、ビジネスパーソンは、みな忙しいので、仕方がないのではないでしょうか？

「仕事のできる人」のメールの秘密

田坂　たしかに、誰もが忙しい時代ですので、そうした「省エネ型メール」を出す人の気持ちも分かります。ただ、**「仕事のできる人」は、事務的な短いメールでも、必ず、「人格の切り替え」を行って書いてきます**ね。決して、「横着」をしない。

例えば、会議の議事録を送ってくるという事務的なメールでも、冒頭で、「先ほどの会議、異業種提携の在り方について、大変、勉強になりました」といったメッセージを伝えてくるのです。そして、添付の議事録については、「御社と弊社で合意した条件について、改めて文章で明記してみましたが、もし、認識や表現の違いがあれば、遠慮なく修正のご連絡をください」と書いてある。さらにメールの最後は、「風邪が流行っています。どうか、ご自愛ください」といった言葉で締めくくっています。

これは、単なるビジネスメールでありながら、短い文章の中で、見事に「人格の切り替え」を行っているのです。冒頭は、会議が良き学びの機会であったことに感謝する「**素直で謙虚な人格**」、本文は、合意条件に認識違いがあってはならないという「**慎重で几帳面な人格**」、最後は、相手の健康に配慮した「**温かく思いやりのある人格**」で、メールを書いているのです。

——それは、「**礼儀の問題**」を言われているのではないのですね・・・？

田坂　ここで申し上げたいのは、「礼儀の問題」ではありません。もちろん、「省エネ型メール」に「礼儀の問題」が無いわけではないのですが、むしろ、本質的な問題は、こうした「省エネ型メール」を出し続けていると、人格を適切に切り替えながらコミュニケーションをする習慣が身につかず、**多重人格のマネジメントの**「**基礎的修業**」ができなくなってしまうのです。

――「**基礎的修業**」ですか・・・？

「人格の使い分け」に求められる「基礎体力」

田坂　そうです。正確に言えば、**多重人格のマネジメントの**「**基礎体力**」が身につかないのです。

――「**基礎体力**」・・・？

田坂　そうです。状況に応じて適切に「人格」を切り替えるということは、かなりの「**精神のスタミナ**」が求められる営みなのです。従って、永年の修業を通じて、その「**精神のスタミナ**」、**すなわち**「**精神的基礎体力**」を身につけていないと、頭では「人格の切り替えが大切」と分かっていても、それを現実の場面に合わせて瞬時に「切り替える」ことができないのです。

よく、職場などで、「あの人は、対応が事務的だ」「あの人の仕事は、機械的だ」と批判される人がいます。これは、しばしば、「あの人は、冷淡だ」「あの人は、自己中心的で、相手のことを考えない」という批判に結びつきます。しかし、実は、こうした人の問題は、「**自己中心的な性格**」の問題だけでなく、同時に、「**精神的基礎体力**」が無いという問題でもあるのです。そのため、もし、この人が、自分の姿を反省し、「相手のことを考えて対処しなければ」と思っても、それを実行する「精神的基礎体力」が無いため、結局、それができないのです。

――　それは、怖い話ですね・・・。

では、どうすれば、その「精神的基礎体力」を身につけることができるのでしょうか？

田坂　そのために、何か特殊な方法があるわけではありません。方法があるとすれば、若い時代から、メール一つ、電話一つでも、**細やかに人格の切り替えを行いながら、相手に対応するという修業を積む**ことです。当初、この修業は、精神的に疲れますが、その疲れを厭わず修業を重ねていくと、自然に、あまり苦も無く、人格の切り替えができるようになります。

――電話一つでも修業になりますか・・・？

電話一つも「多重人格のマネジメント」の修業

田坂　なります。例えば、電話がかかってくると、先ほどのメールと同じで、社外に対しては「いつもお世話になっております」、社内に対しては「お疲れさまです」と、紋切型・省エネ型の対応をする人がいますが、電話を受け、相手が誰であるかを知った瞬間に、その相手と状況に合わせて、「あ、田中さん、先日は、雨の中、有り難うございました」

や「あ、部長、出張先からのお電話、有り難うございます」などの、臨機応変の対応をするという修業を積むと、自然に「精神的基礎体力」が身についてきます。そして、その「基礎体力」が身につくと、自然に、相手と状況に合わせた「人格の切り替え」ができるようになります。

逆に、そうした形で精神のエネルギーを使うことを厭い、疲れたくないと思って、紋切型・省エネ型の対応を続けていると、「精神的基礎体力」が鍛えられず、どのような状況に対しても、一つの人格で事務的・機械的に対応するという仕事のスタイルが身についてしまいます。

——それが、先生が先ほど言われた**「横着」なタイプの人**であり、「あの人は、対応が事務的だ」「あの人の仕事は、機械的だ」と批判される人ですね・・・。

では、そうした「精神的基礎体力」を鍛える修業を積むと、何が起こるのでしょうか？

田坂　メールや電話という「基礎的な仕事」を超え、さらに**「高度な仕事」において、意識的に「多重人格のマネジメント」ができるようになり、「高度な技」が発揮できるよう**

になります。

――例えば？

田坂　例えば、**企画会議**などで、「複数の人格」を切り替えながら、会議を巧みに運営できるようになります。

――企画会議でも、「人格の切り替え」が必要になるのですか？

企画会議のノウハウは「人格」の使い分け

田坂　必要になります。**企画のプロフェッショナルであれば、企画会議の中で、必ず、人格の切り替えをやっています**。私自身、シンクタンクの時代に、企画会議を主宰するときは、必ず、幾つもの人格を切り替えて会議を運営していました。

例えば、企画会議で「アイデア」や「コンセプト」を出し合っているときと、それを具体的な「計画」に落とし込んでいくときでは、明確に人格の切り替えを行っていました。
最初に、アイデアやコンセプトを出し合うときは、「**楽しくリラックスした人格**」で会議を運営します。メンバーから、できるだけ自由な発想が出るような雰囲気を大切にして会議を進めるのです。そして、メンバーから出てくるアイデアやコンセプトに対しても、決して問題点の指摘や批判はせず、できるだけ否定的な言葉も使わないという、「**寛容で前向きな人格**」で議論を進めていきます。

――なるほど・・・。たしかに、アイデアを出し合うときは、そうした雰囲気が大切ですね・・・。

田坂　しかし、メンバーからアイデアやコンセプトもかなり出尽くした頃を見計らい、人格を切り替えます。それまでの「楽しくリラックスした人格」や「寛容で前向きな人格」が後に引き、代わりに「**厳しさと緊張感のある人格**」や「**慎重で現実的な人格**」が前に出てきます。そして、「さあ、そろそろリアリティ・チェックをしよう」と言って、企画をまとめるモードに移るのです。

ちなみに、この「**リアリティ・チェック**」とは、私の造語ですが、「**現実的な観点（リアリティ）から、アイデアやコンセプトを厳しく検討する（チェック）**」という意味の言葉です。

――「リアリティ・チェック」ですか・・・。面白い言葉ですね（笑）。

田坂　そうですね。この「リアリティ・チェック」を行いながら、アイデアやコンセプトを現実的なものに練り上げていかないと、「**企画会議**」といっても、ただ散漫な議論が出ただけの「**放談会**」になってしまいます。

――そうした「放談会」になってしまう「企画会議」は、決して少なくないですね。身につまされます・・・（苦笑）。

田坂　そうですね、少なくないですね・・・（笑）。私も、過去、色々な失敗がありますが・・・（苦笑）。

とはいえ、アイデアやコンセプトを出し合う最初の段階で、いちいち「それは、こうした問題がある」「それは、現実には難しい」という意見を出してしまうと、いわゆる「**アイデア・キリング**」（**アイデア殺し**）の雰囲気になってしまい、自由なアイデアやコンセプトが出なくなる。だから、会議の前半と後半で、会議を運営するマネジャーは、「人格の切り替え」をしなければならないのです。

――その「リアリティ・チェック」を行う「厳しさと緊張感のある人格」や「慎重で現実的な人格」が出てくると、企画がまとまっていくのですか？

田坂 いや、企画をまとめるためには、さらに、もう一つの人格が必要になってきます。

――まだ、もう一つの人格が必要なのですか・・・？　それは、どんな人格ですか？

田坂 「**独裁者**」です・・・（笑）。

――ええ？「独裁者」ですか・・・（笑）。

田坂　ええ、「独裁者」です。なぜなら、昔から、企画会議を運営するノウハウとして、語られている言葉があるからです。

「始め民主主義、終り独裁」

その言葉が語られているのですね。

すなわち、企画会議を仕切るマネジャーは、会議の始めは、誰もが自由に意見を言えるような「**民主主義的な雰囲気**」を大切にする。しかし、意見も出尽くして、議論も尽きた段階では、それまでの意見や議論を建設的・生産的な形にまとめていかなければならない。そのため、会議の終りには、エレガントな強引さをもって議論をまとめていくため、ある意味、「**独裁的な雰囲気**」になっていく。それが、「始め民主主義、終り独裁」と言われるゆえんなのですね。

――　なるほど。先生は、シンクタンクでの現役時代、そういう形で「人格の切り替え」を行いながら、企画会議を主宰されていたのですね・・・。
しかし、参加メンバーは、戸惑うことはなかったのでしょうか・・・（笑）。

田坂　いや、メンバーも慣れたもので、会議の進行につれて私の人格が切り替わっていくと、「お、部長の雰囲気が変わったぞ・・・」と感じ、彼らも、それに合わせて、人格を切り替えていたようです・・・。プロフェッショナルの集団ですから・・・（笑）。

――　なるほど、プロフェッショナルの集団は、やはり「器用」ですね・・・（笑）。
しかし、それは、プロフェッショナルの集団でなくとも、**職場においては、上司が「多重人格のマネジメント」をやっていると、自然に部下も「多重人格のマネジメント」を身につけるようになっていく**ということですね？

田坂　そうです。しばしば、私の講演で「多重人格」の話を聴いた後、中小企業の経営者や大企業のマネジャーの方が、「どうすれば、部下や社員に『多重人格のマネジメント』

を身につけさせることができるのでしょうか？」という質問をされますが、答えは「**まず隗より始めよ**」です。

上司が「多重人格のマネジメント」をやっていると、「**心のしなやかな部下**」は、自然にそれを身につけていきます。

誰もが被っている「複数の仮面」

――その「心のしなやかな部下」という言葉は、怖い言葉ですね・・・（笑）。その「**心のしなやかな**」とは、どういう意味でしょうか？

田坂　この言葉には、非常に深く大切な意味がありますので、簡単には説明できないのですが、敢えて心理学の言葉を使って説明しましょう。

それは、「**ペルソナが硬くない**」という意味です。

――**「ペルソナ」**ですか・・・？　それは、どのような意味でしょうか？

田坂　「ペルソナ」とは、ラテン語で**「仮面」**のことですが、ユング心理学や臨床心理学では、**人が、それぞれの立場において意識的・無意識的に選んでいる「表の人格」**のことを指します。

――我々は、立場において、「表の人格」を選んでいるのですか・・・？

田坂　ええ、我々は、誰もが、立場や状況において、意識的・無意識的に、「表の人格」を選んでいます。

すでに述べたように、**人は誰もが、心の中に「様々な人格」を持っていますが、日常の仕事や生活においては、その立場や状況にふさわしいと思う「表の人格」を、意識的・無意識的に選んで生きています。**その選んだ「表の人格」を、あたかも「仮面」を被っているような姿に模して、「ペルソナ」と呼んでいるのですね。

例えば、この対話の最初の方でお話しした、会社では辣腕の課長、家に帰れば子煩悩な父親、実家に戻れば母親に甘える三男坊、といった人物は、言葉を替えれば、会社では「辣腕の課長」のペルソナを被り、家に帰れば「子煩悩な父親」のペルソナ、実家に戻れば「母親に甘える三男坊」というペルソナを被っているのですね。

――しかし、それは、決して異常なことではないですよね・・・？

田坂　ええ、それは、決して異常なことではありません。

実は、**我々の誰もが、仕事と生活の立場と状況に応じて、それにふさわしい「仮面」を被り、それを付け替えながら、仕事と生活をしている**のです。

例えば、学校のＰＴＡに出たときには、「教育熱心な母親」のペルソナを被る女性も、大学の同窓の女性仲間と会うときは、昔の「楽しい女友達」のペルソナを被り、実家で封建的な厳しい父親の前に出ると「淑《しと》やかな娘」のペルソナを被っていたりするわけです。

従って、我々が、立場と状況に応じて「ペルソナ」を選び、「表の人格」を切り替えて処することは、決して異常なことではありません。それは、**対人関係を円滑に進めていくための「潤滑油」**でもあり、**社会生活を適切に進めていくための「智恵」**でもあるのです。

――では、その「ペルソナ」の、何が問題なのでしょうか？

田坂　その「**ペルソナ」が「硬い**」ことが問題になります。特に、一つの立場や状況において被っている「**ペルソナ」が「硬すぎる」と、色々な問題を生み出します。**

――「ペルソナ」が「硬い」という意味は？

「しなやかな心」の本質

田坂　「ペルソナが硬い」という意味は、**ある立場や状況で被っている「ペルソナ」を、立場や状況の変化に合わせて、柔軟に他の「ペルソナ」に取り換えることができない**という意味です。すなわち、立場や状況の変化に合わせて、**一つの「人格」から他の「人格」に柔軟に切り替えることができない**という意味です。

逆に、「ペルソナが硬くない」、すなわち「ペルソナが柔らかい」場合には、その人は、一つの「ペルソナ」から他の「ペルソナ」に柔軟に切り替えることができるのです。

――それを、先生は、「**心のしなやかな**」と表現されたのですね?

しかし、その意味で「ペルソナが硬い」場合には、仕事や生活において、具体的に、どのような問題が生じるのでしょうか?

田坂　極端な例で言えば、職場も、家庭も、友人関係も、同じ「ペルソナ」、同じ「人格」でしか対応できない人がいます。

例えば、中学校の校長先生が、学校で「厳格な教育者」として振る舞っているのは良いのですが、家に帰っても、その「厳格な教育者」としてのペルソナを脱ぐことができず、家族が息が詰まるという例は、昔は、珍しくなかったですね。この人物のペルソナが極めて硬い場合には、同窓会で旧友と会っても、そのペルソナを脱がず、友人たちから見ても、「あいつ、何か変わったな・・・」と思われる例もあります(笑)。

ただ、こうした、職場も、家庭も、友人関係も同じペルソナという例は、やはり極端な場合であり、あまり、ここで論じる話ではありません。

むしろ、「**才能の開花**」という点で見たとき、問題になるのは、「**一つの仕事**」**において、「ペルソナ」が硬い人**です。

——「一つの仕事」において「ペルソナ」が硬い人ですか・・・。それは、具体的には?

田坂　例えば、先ほど紹介した「銀行窓口で研修生を指導する先輩行員」の例で、説明しましょう。

彼女の優秀さは、自分の中に「温かく親切な人格」「几帳面で細やかな人格」「厳しくも包容力のある人格」という「幾つもの人格」があり、状況に応じて、「最も適切な人格」が出てくることでした。それらの「複数の人格」を、瞬時に使い分ける能力があることでした。

この「複数の人格を、瞬時に使い分ける能力」とは、言葉を替えれば、「複数のペルソナを、瞬時に被り分ける能力」とも言えるわけです。

しかし、もしこの先輩行員が「ペルソナ」が硬い場合には、何が起こるか?

例えば、この行員が「几帳面で細やかな人格」という硬いペルソナだけで仕事をしている場合には、数字の確認や管理においては「良い仕事」をしますが、顧客への対応においては、「冷たい感じで、温かみがない対応だ」や「顧客が時間を気にしていても、気がつかない」という評価を受ける可能性があり、また、研修生への対応においては、「新人への的確な指導ができない」や「几帳面すぎて息が詰まる」という評価を受ける可能性があります。

――そうですね。この人は、周りから、「**不器用な人**」という評価を受ける可能性もありますね。

田坂　そうです。実は、職場で「不器用」と言われる人は、一つには、先ほど述べた「**基礎体力**」**が無い**ことが原因なのですが、もう一つは、この「**ペルソナ**」**が硬い**ことも原因なのですね。そのため、立場や状況に応じて、滑らかに「人格」を切り替えられないのです。

――逆に言えば、「ペルソナ」が柔らかい人は、立場や状況に応じて、滑らかに「人格」を切り替えることができるので、「器用」と言われ、「仕事ができる人」という評価が得られるのですね？

先ほど言われた「心のしなやかな」という言葉の意味が、よく分かりました。

田坂　そうですね。「ペルソナ」が硬いと、立場や状況に応じた「適切な人格の切り替え」ができず、仕事において「適切な能力」が発揮できなくなるのです。

しかし、実は、「硬いペルソナ」は、我々の「才能の開花」という意味では、もっと**深刻な問題**を生み出すのです。

――「深刻な問題」・・・ですか？　それは、どのような？

「硬いペルソナ」が才能を抑圧する

田坂　端的に申し上げましょう。

「ペルソナ」が、才能を抑圧する。

その問題が生じるのです。

――「ペルソナ」が、才能を抑圧するのですか？

田坂　そうです。**「硬いペルソナ」は、我々の中に隠れている「才能」の開花を抑圧し、妨げてしまう**のです。

――なぜでしょうか？

田坂　その理由は、すでに述べました。

「才能」とは、「人格」のことだからです。

そして、我々は、誰もが、自分の中に「様々な人格」を持っています。それは、本来、「様々な才能」を持っているということでもあります。

しかし、**「ペルソナ」が硬いと、本来持っている「様々な人格」のうち、「ペルソナ人格」以外の多くの人格を、深層意識で抑圧してしまう**のです。

そのため、その抑圧された「様々な人格」に伴う「様々な才能」が、開花できなくなるのです。

――なるほど・・・。他の人格を抑圧してしまうのですか・・・。

では、我々は、その「硬いペルソナ」に、どう処すればよいのでしょうか?

田坂　「ペルソナ」に、どう処するか?

そのことを理解して頂くためには、もう少し深く、我々の**「心の世界」**、特に**「深層意識の世界」**について話をする必要があります。

――ぜひ、その話を聞かせてください。

田坂　では、次の第二話で、そのことを詳しくお話ししましょう。

テーマは、

「表の人格」が妨げる才能の開花

です。

第二話　「表の人格」が妨げる才能の開花

――第一話の最後に、田坂先生は、

「ペルソナ」が硬いと、本来持っている「様々な人格」のうち、「ペルソナ人格」以外の多くの人格を、深層意識で抑圧してしまう。そのため、その抑圧された「様々な人格」に伴う「様々な才能」が開花できなくなる。

と言われましたね。
この言葉の中の「深層意識で」という言葉が気になったのですが・・・。

田坂　そこに気がつくのは、鋭いですね・・・(笑)。そうなのです。**才能の抑圧は、必ず、「深層意識」の世界で起こります。**
なぜなら、「表層意識」の世界では、誰も、自分の才能を抑えたいと思う人はいないからです。

――　たしかに・・・。

田坂　従って、問題は、自分の「深層意識の世界」が、どうなっているかです。
この**深層意識の世界に「否定的な想念」や「マイナスの想念」があると、人間の能力は、必ず、抑え込まれます。**

――　なぜでしょうか？

田坂　**「否定的な想念」や「マイナスの想念」は、能力を「萎縮」させてしまうからです。**

――「萎縮」ですか・・・？

「深層意識」が萎縮させる能力

田坂　分かりやすい例を挙げましょう。

例えば、いま、私が、この床にチョークで二本の線を引きます。三〇センチ幅の二本の平行線です。

そして、あなたに、「この**三〇センチの幅の道**を、歩いてください」と言うと、おそらく、何の苦労も無く、真っ直ぐに歩けるでしょう。体に障害の無い健常者の方であれば、通常、誰でも、三〇センチ幅の道であれば、真っ直ぐに歩けるからです。

――そうですね。運動神経の良い人ならば、走り抜けることもできるでしょう・・・。

田坂　そうです。ところが、もしこれが、**断崖絶壁の上に三〇センチ幅の板を渡した橋**だとしたら、ほとんどの人は、一歩も歩けない。

なぜなら、その瞬間に深層意識に生まれる「橋から落ちるのではないか・・・」「崖下に落ちたら死ぬ・・・」という恐怖が心を支配してしまうからです。そして、その恐怖心のため、足がすくみ、前に進めなくなってしまうからです。

――たしかに、誰でも足がすくんで、一歩も進めないですね・・・。

田坂　しかし、本当は、我々は、三〇センチの幅の道を、踏み外さないようにコントロールしながら歩む「身体的能力」は持っているのです。けれども、「深層意識の世界」に恐怖心を抱いただけで、我々は、その「能力」を発揮できなくなってしまうのです。

――まさに、**能力が「萎縮」してしまう**のですね・・・。

田坂　その通りです。

例えば、ゴルフの世界でも、優勝が懸かっている場面で、一流のプロフェッショナルが、わずか数十センチのパットを外すことがありますね。あれも、深層意識に生まれる「このパットを外すわけにはいかない」「外したらどうしよう」とのプレッシャーと不安感が、本来持っている能力を「萎縮」させてしまうのですね・・・。

このように、「**深層意識の世界**」に、**恐怖心や不安感などの**「**否定的な想念**」や「**マイナスの想念**」**があるだけで、我々の能力は、無残なほどに**「**萎縮**」**してしまう**のです。

――なるほど・・・。しかし、いま伺った「三〇センチ幅の橋」の例や「ゴルフのパット」の例では、「否定的な想念」や「マイナスの想念」によって萎縮してしまうのは、基本的に、「身体的能力」ですよね・・・?

田坂　いえ、そうではありません。「否定的な想念」や「マイナスの想念」によって萎縮してしまうのは「**身体的能力**」だけではありません。それは、我々の「**精神的能力**」についても同じです。

例えば、入学試験などにおいて、家族に「全力を出して頑張ってくる」と言って家を出たものの、心の奥にある「この試験、落ちたら浪人だ・・・」といった強迫観念とプレッシャーで、本来持っている実力を発揮できなかった、といった例は、しばしばありますね。

　このように、「深層意識の世界」に「**否定的な想念**」や「**マイナスの想念**」があるだけで、**「精神的能力」も萎縮してしまいます**。従って、**身体的能力と精神的能力が結びついて発揮される「才能」**についても、同じです。

——なるほど、「否定的な想念」や「マイナスの想念」は、我々の「才能」も萎縮させてしまうのですね・・・。では、それを避けるためには、どうすればよいのでしょうか？

「自己限定」が抑えてしまう才能

田坂　自分が心の奥深くに、どのような「想念」を抱いているか。

　まず、それを、見つめるべきです。

　そして、その**深層意識に、才能の開花を妨げる「否定的な想念」や「マイナスの想念」が無いかを見るべきです。**

——具体的には、どのような想念が、才能の開花を妨げるのでしょうか？

田坂　「自己限定」の意識です。

すなわち、「自分には才能が無い」「自分にはできない」という、自分の能力と可能性を限定してしまう深層意識です。

その深層意識が、恐ろしいほどに、我々の才能の開花を妨げてしまいます。

従って、もし、我々が、「自分の才能を開花させたい」と願うならば、まず最初に、自分自身の心の奥深くを見つめ、自らに問うべきでしょう。

自分の中に「多様な才能」が眠っていることを、

自分は、心の奥深くで、本当に信じているか？

そのことを、問うべきでしょう。

なぜなら、**表層意識では「自分の才能を開花させたい」と思っていても、深層意識の世界で「自分には才能が無い」「自分にはできない」と思っているならば、**その深層の想念が才能を萎縮させ、抑圧してしまうため、それを開花させることはできないからです。

それは、あたかも、右足で自動車のアクセルを踏みながら、左足でブレーキを踏んでいることと同じです。

――笑えない話ですね・・・。

田坂　そうですね。実際、**表層意識でアクセルを踏みながら、深層意識ではブレーキを踏んでいる人が多いのです。**

例えば、周りの人に、「明日の試合は勝つぞ」と語っていながら、心の奥深くでは、「明日も負けるんじゃないか・・・」と思っていたり、表層意識では、「自分ならできる」と思いながら、深層意識では、「自分にはできない・・・」と思っていたり・・・、アクセルを踏みながら、ブレーキを踏んでいる例は、決して少なくないのです。

――なるほど、問題は、「深層意識」に、どういう想念を抱いているかですね・・・。ただ、そのことは、**人間の「潜在意識」**について語っている本では、しばしば指摘されていることですよね？

そして、それらの本では、その解決方法として、「自分には才能が有る」や「自分にはできる」という想念を、意識的に、繰り返し心に刻むことによって、潜在意識を「肯定的な想念」や「プラスの想念」に変えていくことを教えていますよね？

「潜在意識」を変えられない真の理由

田坂　ええ、たしかに、「潜在意識」について語っている本では、しばしば、そういう方法が語られています。端的に言えば、「意識的に『肯定的な想念』や『プラスの想念』を強く念じると、その想念が、潜在意識にまで浸透していく」という考えです。
しかし、実は、**心の世界は、それほど単純ではない**のです。

――単純ではない・・・？　なぜでしょうか？

田坂　**人間の潜在意識や深層意識の世界は、「天邪鬼《あまのじゃく》」**だからです。

――「天邪鬼」ですか・・・？

田坂　そうです。**潜在意識や深層意識は、しばしば、表層意識が思っていることと、逆のことを思う傾向がある**からです。

――それは、なぜ・・・？

田坂　分かりやすく説明しましょう。**人間の「心の世界」は、比喩的に言えば、あたかも「電気」のような性質を持っている**のです。

――「電気」のような性質ですか・・・？

田坂　そうです。ご存じのように、「電気」には、「プラスの電荷」と「マイナスの電荷」がありますが、この二つは、同時に発生するのです。従って、**「プラスの電荷」だけが発生することはない**のです。

例えば、小中学校の理科でも習ったと思いますが、**ガラスの棒を絹の布でこすると、プラスの電荷が発生する**という実験があります。しかし、正確に言えば、あの実験で、プラスの電荷だけが生まれてきているわけではないのです。同時に、絹の布の側に、マイナスの電荷が、同じ量だけ生まれてきているのですね。

――なるほど・・・。しかし、それが、なぜ、「心の世界」と関係するのでしょうか？

田坂　「心の世界」も「電気の世界」と同じで、「プラスの想念」だけが発生するのではなく、同時に「マイナスの想念」も発生してしまうのですね。

特に、**表層意識のところに、無理やり「プラスの想念」を引き出すと、深層意識に「マイナスの想念」が生まれてしまいます。**

例えば、大切な試合を前に、表層意識の世界で、「明日の試合は勝つぞ！」という思い、すなわち、「プラスの想念」を無理やり引き出すと、むしろ逆に、深層意識の世界では、「明日も負けるんじゃないか・・・」という不安、すなわち、「マイナスの想念」が溜まっていくのですね。

別な例で言えば、上司が部下に対して、「この目標は達成できるな！　絶対に達成できるな！」と迫ると、部下は、「できます！　絶対にできます！」と、表層意識は「プラスの想念」で満たされるのですが、その深層意識は、「できないのでは・・・」「できなかったら、どうしよう・・・」という、不安の想念、「マイナスの想念」が溜まっていくのです。

——たしかに、自分の心を見ても、そうした傾向はありますね・・・（苦笑）。

田坂　そうです。表層意識では「できる」と思っていても、深層意識は、そう思っていない。**表層意識が「できる」と思えば思うほど、逆に、深層意識は、「できない」と思っていく。そして、その深層意識が、我々の能力の発揮や、才能の開花を抑えてしまう**のです・・・。

——なるほど・・・、人間の「心の世界」は、たしかに「天邪鬼」の世界であり、怖いですね・・・。

田坂　そうですね。そして、それが、**世の中に「奇妙な現象」が生まれる理由**なのですね。

――「奇妙な現象」ですか・・・？

田坂　昔から、世の中の書店には、「**潜在意識の活用による成功法**」を語る本が溢れています。そして、どの本も、「『自分はできる！』と心に刻め！」「『自分は成功する！』と強く念じよ」という類のことが書いてあります。

しかし、それにもかかわらず、これらの本を読んで、「自分はできる！」と心に刻み、「自分は成功する！」と強く念じることによって、潜在意識を「プラスの想念」に変え、実際に「成功」を手にする人が、あまりいない・・・。

その奇妙な現象は、いま述べた「潜在意識の世界」の「天邪鬼な性質」から生まれてくるのですね。

――それが、「潜在意識の活用による成功法」の難しさであり、そうした本を読んでも、なかなか成功しない理由なのですね・・・。

田坂　そうです。**「潜在意識」**や**「無意識」「深層意識」**については、昔から、**精神分析学者のジークムント・フロイトや分析心理学者のカール・グスタフ・ユング**を始め、多くの学者によって研究されているのですが、実は、その「潜在意識」や「無意識」「深層意識」に働きかける日常的に有効な方法は、あまり開発されていないのです。

――では、その「潜在意識」や「無意識」「深層意識」に働きかけ、それを「プラスの想念」に変えていくには、どうすればよいのでしょうか？

田坂　それほど簡単な方法は、ありません。フロイトでも、ユングでも、簡単な方法は、見出せなかったのですから・・・。

――先生、そう、突き放さないで、何かよい方法があれば、教えてください（苦笑）。

田坂　いや、突き放しているのではなく、こうした問題を論じるとき、**「どこかに、簡単な方法がないか・・・」と考える安易な思考そのものが、実は、大きな落し穴**になってしまうので、その点に釘を刺しているだけです・・・(笑)。

――分かりました。では、「簡単な方法はない」ということを覚悟したうえで伺いますが(笑)、この「潜在意識」や「無意識」「深層意識」という「天邪鬼で厄介な世界」に働きかけるには、どうしたらよいのでしょうか？

「無意識の言葉」の持つ怖さ

田坂　では、一つの方法を述べましょう。

「言葉」というものの怖さを理解して、使い方を工夫することです。

――「言葉」ですか・・・。

田坂　そう「言葉」です。
正確に言えば、**我々が日々、「無意識に使っている言葉」**です。

――なぜ、「無意識に使っている言葉」なのですか？

田坂　なぜなら、我々が日常生活において「**無意識に使っている言葉」こそが、我々の「無意識の世界」に浸透し、強く働きかける**からです。
逆に言えば、「無意識の世界」に直接的に働きかけようとして、言葉を「意識的」に使っても、先ほど述べたように、「無意識の世界」は「天邪鬼」ですので、その働きかけが逆効果になってしまいます。
従って、「無意識の世界に、直接的、意識的に働きかけようとする」のではなく、「**無意識に使っている言葉の怖さ**を理解し、その使い方を工夫する」ことが、一つの有効な方法なのですね。

――いま、先生は、「無意識に使っている言葉の怖さを理解し」と言われましたが、その「怖さ」とは何でしょうか？

田坂　**言葉というものが無意識に「世界を二つに分けてしまう」**ことの怖さです。哲学的に言えば、「**世界を分節化してしまう**」ことの怖さです。

――「分節化」ですか・・・。「世界を二つに分ける」ことの怖さですか・・・。

田坂　この説明では、分かりにくいですね。では、面白いエピソードで、分かりやすく説明しましょう。

例えば、ある幼稚園で、園児の太郎君と花子ちゃんが、砂場で遊んでいたとします。

そこに園長先生がやってきました。

丁度そのとき、二人の遊びが終わり、太郎君は、遊びに使ったスコップを、使いっ放しにせず、元の箱に戻しに行きました。

それを見て、園長先生が、大きな声で、太郎君を誉めてあげます。

「まあ、太郎君は、良い子ね！」

その園長先生の声に、太郎君は、嬉しそうに振り返ります。

その太郎君を見て、園長先生は、もう一度大きな声で、太郎君を誉めてあげます。

「まあ、太郎君は、本当に良い子ね！」

すると、横にいた花子ちゃんが、不満そうに、園長先生に言います。

「先生、じゃあ、花子は、悪い子なの・・・？」


——思わず笑ってしまうエピソードですね・・・（笑）。


田坂　その通り、これはたしかに、思わず笑ってしまう可愛らしいエピソードです。

しかし、実は、このエピソードは、見事に、「人間心理の機微」を象徴しています。

そして、「言葉」というものの怖さを、象徴的に教えています。


——**「人間心理の機微」**ですか・・・。

田坂　そうです。すなわち、この状況において、園長先生が、「太郎君は、良い子ね！」と言った瞬間に、この言葉が、世界を「良い子」と「悪い子」に分けてしまうのです。

そして、その結果、「良い子」と言われた太郎は、嬉しく思うのですが、「良い子」と言われなかった花子は、必然的に、自分は「悪い子」と言われたと思い始めるのです。

――たしかに、実社会でも、同じような心理が生まれるときはありますね・・・。

世界を二つに分けてしまう「心の機微」

田坂　ええ、例えば、会社の企画会議などで、田中君と鈴木君が、それぞれ、あるテーマについての企画案を出してくる。二人の説明を聞き終わった後、企画課長が、田中君を誉めて励まそうと思い、他意もなく、こう言ったとします。「田中君の企画は、なかなかセンスの良い企画だな・・・」。しかし、この瞬間に、必ずと言ってよいほど、鈴木君の心の中に「じゃあ、僕の企画は、センスの悪い企画なのか・・・」という思いが生まれます。

――そうですね。会社においては、そうした心理も、よく生まれますね（苦笑）。

田坂　このように、いま述べた二つのエピソードは、「言葉」**と**「**心**」**の機微の怖さ**を教えているのです。

すなわち、「言葉」というものが、しばしば、「世界を二つに分けてしまう」ことの怖さです。**我々が無意識に使う**「**言葉**」**が、意図せずして、世界を**「**プラスの世界**」**と**「**マイナスの世界**」**の二つに分けてしまう**のです。「真と偽」「善と悪」「美と醜」「好きと嫌い」「優秀と劣等」といった二つの世界です。そして、その二つの世界のうち、「マイナスの世界」が、我々の「心」を、無意識に支配してしまうことの怖さです。

――たしかに、そう考えると、**日常、何気なく使っている**「**言葉**」**が、我々の**「**心**」**に、思わぬ形で影響を与え、我々の**「**心**」**を支配してしまう**のですね・・・。それは、怖いことですね・・・。

田坂　その通り、実は、とても怖いことなのですね。

そして、さらに怖いことは、この**「言葉」と「心」の間で起こる問題が、そのまま、「表層意識」と「深層意識」の間でも起こる**ことなのです。

すなわち、「表層意識」が「世界を二つに分けてしまう」ことの怖さと、その結果、「マイナスの世界」が「深層意識」を支配してしまうことの怖さです。

――なるほど、何か分かるような気がしますが、もう少し分かりやすく説明して頂けますか？

「誇り高き技術屋」の自己限定

田坂　では、分かりやすい例を述べましょう。

例えば、大企業などで、しばしば使われる言葉に、「技術屋」「事務屋」という言葉があります。一般に、大学の工学部や理学部などを出て、「技術職」として入社した人間を「技術屋」、法学部や経済学部などを出て、「事務職」として入社した人間を「事務屋」と呼ぶ習慣があります。

そのため、企業の会議などでは、しばしば、次のような言葉を耳にします。

「私は、技術屋ですから、この設計については、一言、申し上げますが・・・」

「私は、事務屋ですので、この契約については、意見を申し上げますが・・・」

こうした言葉は、どちらも「技術屋」「事務屋」としての誇りや矜持《きょうじ》を感じさせる好感の持てる発言ではあるのですが、いま述べた「表層意識」と「深層意識」の視点から見ると、怖い問題が生まれてくるのです。

すなわち、「私は、技術屋ですから」という言葉は、「**私は技術屋ですから、技術については、それなりの見識を持っています**」という「肯定的な意味」を持った言葉なのですが、しかし、この「表層意識」が語った言葉の裏に、次の「深層意識」が生まれてくるのです。

「**私は技術屋なので、契約などについては、よく分かりません・・・**」

——なるほど、表層意識が語る「肯定的な言葉」の裏に、深層意識の「否定的な言葉」が隠れているのですね・・・。

田坂　そうです。すなわち、**我々が、表層意識で「ある能力を肯定する」瞬間に、深層意識では、「逆の能力を否定する」という心の動きが起こってしまう**のです。

例えば、「私は、数学は得意です」という言葉の奥に、「けれども、国語は不得意です」という思いが隠れていたり、「私は、営業に向いています」という言葉の奥に、「しかし、経理には向いていません」という思いが隠れていることが、しばしばあります。

そして、これが、まさに「自己限定の深層意識」となって、我々の能力の発揮を妨げ、才能の開花を抑えてしまうのです。

——「**自己限定の深層意識**」ですか・・・。

「優しい課長」の深層意識

田坂　そうです。そして、ここまで話したことを理解して頂ければ、「**硬いペルソナが、多様な才能の開花を妨げる**」ということの意味も理解して頂けるでしょう。

なぜなら、この「自己限定の深層意識」の問題は、「人格」と「才能」との関係においても生じるからです。

例えば、我々が、職場において「**優しい課長**」という「人格」を選び、それを「硬いペルソナ」として被って仕事をしているとします。

この場合、「優しい課長」という「人格」に伴う「才能」は、開花していきます。例えば、「**細やかに部下の気持ちを感じ取る力**」や「**部下を励ます温かい言葉を選んで語る力**」などの「才能」は、開花していきます。

しかし、一方、我々が、この「優しい課長」という「人格」だけで仕事をしていると、逆に「**辣腕の課長**」といった「人格」に伴う「才能」、例えば、「**部下を強力に牽引《けんいん》する力**」や「**リスクを取って直観的判断をする力**」などは、決して開花しないでしょう。

なぜなら、この場合にも、この「優しい課長」の心の中に、「自己限定の深層意識」が生まれてしまうからです。

すなわち、「私は、部下の気持ちを感じる力や温かい言葉を語る力は有るが、部下を牽引する力や直観的判断の力は、あまり無い・・・」といった深層意識です。

そして、この「自己限定の深層意識」が、この「優しい課長」の中に眠る「才能」の開花を妨げてしまうのです。

――なるほど・・・。従って、**自分の中に隠れている「様々な才能」を開花させたいと思うならば、自分が被っている「硬いペルソナ」に気づき、その「硬いペルソナ」が深層意識で抑圧してしまっている「隠れた人格」と「隠れた才能」に気づく必要がある**のですね・・・。

田坂　そうです。自分の「硬いペルソナ」の陰に隠れた「様々な人格」の存在に気がつき、それを認め、受け容れることです。もし、それができるならば、**それぞれの「人格」に伴う「才能」を、どれも抑圧せず、開花させていくことができる**のですね。

――しかし、先生、我々の中に「様々な人格」「隠れた人格」があることは、ここまでの話で、よく理解できたのですが、それでは、世の中で、しばしば行われる「**性格診断**」

とは、何なのでしょうか？　こうした診断の結果として言われる「あなたは、短気な性格です」や「あなたは、温厚な性格です」といった評価を、我々は、どう考えるべきなのでしょうか？

「性格診断」の真の意味

田坂　大切な質問ですね。もちろん、こうした「性格診断」には、それなりの意味もあり、社会生活を営んでいくとき、役に立つ部分も多々あるのですが、ここまでの「多重人格論」の文脈で申し上げれば、**「性格診断」とは、我々が、日々の仕事や生活において被っている「ペルソナ」としての人格と性格を診断している**とも言えるのです。

　だから、我々は、「性格診断」を受けたとき、そこに書かれている「あなたの性格は、これこれです」という言葉を読んだとき、「**たしかに、自分の性格には、そうした面もあるけれど、それがすべてではないのだが・・・**」とか、「**いや、自分の中には、その全く逆の性格があるのだけれど・・・**」といった思いを抱くのですね。

――たしかに、その通りですね。「あなたの性格は、これこれです」と言われた瞬間に、「いや、何か違う」という思いが湧いてきますね・・・。

田坂　そうですね。もちろん、こうした**「性格診断」や「適性検査」**のようなものは、ある状況においては、有効な示唆を与えることはあるのですが、怖いのは、この**「診断結果」や「検査結果」に縛られてしまう**ことです。

例えば、こうした診断や検査で、「あなたは、理性的な性格で、論理思考に強いタイプです」と評価されたとき、無意識に、自分の中に隠れている「感覚的な部分」や「直観的な部分」を抑圧し、「自分は、感覚的な表現が下手だ」とか、「自分は、直観的判断が苦手だ」といった思い込みをしてしまうという怖さがあります。

――それは、まさに**「性格診断」や「適性検査」によって、「自己限定」をしてしまう**ということですね。

田坂　そうですね。だから、こうした「性格診断」や「適性検査」を受けたときは、その診断結果や検査結果が教える「対人関係」や「社会生活」へのアドバイスに対しては、一度、謙虚に受け止めて考えることは大切ですが、そのうえで、「待てよ、自分には、この診断で指摘されている性格とは全く違った性格があるぞ・・・」とか、「いや、私は、この適性以外にも、違った適性があるような気がする・・・」といったことを考えてみることが大切です。

――先生ご自身の体験でも、そうですか・・・？

田坂　そうですね。実は、私は、小学校の通信簿には、いつも、「落ち着きが無い」「集中力が無い」と書かれていたのですが、歳を重ねるに従って、逆の性格、「少々のことでは動じない」という性格や、「物事に徹底的に集中する」という性格が前に出てきましたね。また、マネジメントをやっていても、仕事に対して迅速な結果を求める「短気な性格」と、部下の成長を粘り強く支える「忍耐強い性格」の両方が、どちらも存在し、それぞれ、必要な場面で出てきますね・・・(笑)。

――それは、先生が特殊なのではなく、誰もがそうだと・・・？

田坂　誰もが、自分の中に、そうした「様々な性格」や「様々な人格」を持っています。問題は、自分の中に隠れている、それらの性格や人格の存在に気がつき、それらを開花させていくことができるかどうかです。

一般に、**マネジメントやリーダーシップの世界で、それなりの修業をすると、「様々な性格」や「様々な人格」の切り替えや使い分けが求められるため、自然に、それらの性格や人格を育てる結果になります。**

――なぜ、マネジメントやリーダーシップの世界では、性格や人格の切り替えや使い分けが求められるのでしょうか？

田坂　一つの理由は、**マネジメントやリーダーシップの本質が、「矛盾」に処することだから**ですね。そのことを象徴するのが、経営者やマネジャー、リーダーに語られる教訓の言葉です。これらの言葉は、多くの場合、**「大胆にして、細心であれ」**や**「疾《と》きこと風の**

如く、動かざること山の如し」「**クール・ヘッド、ウォーム・ハート**」など、矛盾した性格や人格の両立を求める言葉ですね。また、こうした教訓の言葉には、「**思い立ったが吉日**」と「**急がば回れ**」、「**老婆心**」と「**冷暖自知**」など、矛盾した言葉も多く、経営者やマネジャー、リーダーに、全く矛盾した資質を、同時に求めてきますね。

――たしかに・・・。その意味で、**経営者やマネジャー、リーダーの成長とは、ある意味で、その「矛盾」に処することのできる「多重人格」になっていくということ**なのですね・・・。

田坂　その通りです。私は、過去、色々な企業の経営者の参謀を務めてきましたが、**優れた経営者は、例外無く、「多重人格」**です。経営者として直面する状況や場面に応じて、自身の中の「様々な人格」から、適切な人格が、実に自然に顔を出してきます。注意深く見ていないと、その人格の切り替えに気がつかないほどです。その余りに自然で滑らかな人格の切り替えを見ていると、その切り替えを無意識に行っているので、本人も気がついていないのかと思います（笑）。

「深みのある人物」という言葉の意味

田坂　ついでに付け加えておきますが、よく経営者を評するに、「**あの人は、深みのある人物だ**」「**あの人は、深みのない人物だ**」という表現がされますが、この「深み」とは、ある意味で、「多重人格」のことなのですね。**自身の内に「幾つもの人格」を育てており、場面や状況に応じて、様々な人格が適切な形で出てくる。その「人間としての奥行**」のようなものを、「深み」と評しているのですね。

――なるほど・・・。私は、「深みのある人物」とは、「深い思想を持った人物」のことかと思っていましたが、そういう単純な意味ではないのですね・・・。

田坂　いえ、**本当に「深い思想」を持った人物は、やはり「多重人格」**です。

そもそも、**「思想」とは、その思想を「実際に生きた」とき、「真の思想」と呼ぶ**のであり、ただ、世界中の様々な思想を「単なる知識」として学んだだけでは、「真の思想」を身につけたとは、言えません。

「思想」とは、現実の人生の中で、人間関係の中で、組織の中で、社会の中で、それを「生きる」ために、目の前の現実と格闘をしたとき、初めて「生きた思想」になり、「真の思想」になるのですね。

従って、本当に「深い思想」を持った人物は、個人、対人、組織、社会、世界、地球といった「様々なレベルの思想」を生きているがゆえに、その思想のレベルに応じた「様々なレベルの人格」を持っています。

その意味で、本当に「深い思想」を持った人物は、「多重人格」なのですね。

――なるほど、その話は、**「思想を語る人々」**にとっては、とても大切な話ですね。

田坂　そうですね。私自身、一人の「思想を語る人間」でもありますが、歳を重ねるにつれ、この**「思想を生きる」**ということの難しさを感じ、それゆえにこそ、その大切さを心に刻んで歩んでいます・・・。

さて、話を元に戻すと、ここまで私が述べてきたことで、第一話の最後に語った、

「ペルソナ」が硬いと、本来持っている「様々な人格」のうち、「ペルソナ人格」以外の多くの人格を、深層意識で抑圧してしまう。そのため、その抑圧された「様々な人格」に伴う「様々な才能」が開花できなくなる。

という言葉の意味を、理解して頂けたのではないでしょうか。

「多重人格」から「深層意識」のマネジメントへ

――つまり、我々が、日々の仕事や生活で被っている「ペルソナ」、すなわち「表の人格」が硬いと、「それ以外の人格」を、心の奥深くに抑え込み、隠してしまうため、その「人格」に伴う「才能」も、表に出なくなってしまうのですね。

田坂　そうです。しかし、「多重人格のマネジメント」を行うことによって、その「硬いペルソナ」を「柔らかいペルソナ」に変えていくことができれば、深層意識の世界で抑圧

されていた「隠れた人格」と「隠れた才能」が開花し始めるのですね。

従って、この「多重人格のマネジメント」とは、ある意味で、我々の中に隠れている「様々な人格」や「様々な才能」を開花させるために、**その開花を妨げ、抑圧している「深層意識」に働きかける技法、**いわば「**深層意識のマネジメント**」でもあるのですね。

——なるほど・・・、「**多重人格のマネジメント」とは、「深層意識のマネジメント」**でもあるのですか・・・。

そもそも、この先生の話を伺うまで、私は、「多重人格」とは、「精神の病」のことかと思っていましたが、決してそうではないのですね・・・。

田坂　ええ、第一話において述べたように、これまで「多重人格」という言葉は、たしかに、「精神病理」の世界で使われる言葉でした。自分の中に「複数の人格」が存在するにもかかわらず、ある人格になったときには、他の人格の自分を全く覚えていないか、他の人格が自分であることを自覚していないという精神の状態を「**多重人格の精神病理**」と呼んできたのです。

しかし、**自分の中に「複数の人格」が存在することを自覚し、そのいずれも抑圧することなく、自由に、意識的に表に出すことができるならば、それは「精神の病理」ではなく、素晴らしい「才能の開花」をもたらす**のですね。

そして、このことの意味を理解するならば、実は、人類の歴史において、**我々が仰ぎ見てきた人々の「秘密」**が見えてくるのですね。

――「仰ぎ見てきた人々」ですか・・・？　それは、どのような人々でしょうか？

「天才」の姿が教えるもの

田坂　**「天才」と呼ばれる人々**です。

――「天才」ですか・・・？　その「秘密」ですか・・・？

田坂　ええ、そうです。
人類の歴史を振り返るならば、かつて、その「**多彩な才能**」**を見事に開花させた**がゆえに、「天才」と呼ばれた人々がいました。
例えば、「空海」。
例えば、「レオナルド・ダ・ヴィンチ」。

――「**空海**」とは、我が国における「真言宗」の開祖、弘法大師のことですね。

田坂　そうです。我が国の平安期において、「密教」の奥義を極めただけでなく、書や詩作にも秀で、庶民教育に力を尽くし、土木工事に功績を残し、医学や天文学にも才能を発揮した、「万能の天才」です。

――その意味では、「**レオナルド・ダ・ヴィンチ**」も、「万能の天才」ですね・・・。

田坂　そうですね。ダ・ヴィンチは、イタリアのルネッサンス期に活躍した人物ですが、画家としては「モナ・リザ」など数々の名画を残し、彫刻家や音楽家としても才能を発揮し、建築家として都市設計を行い、工学者としては飛行機や戦車の概念を考案し、数学者や科学者としても活躍した、これも、やはり「多彩な才能」を開花させた天才ですね。

――まさに、我々一般の人間にとっては、「仰ぎ見る」ような「天才」ですね・・・。

田坂　たしかに、こうした「天才」を見ていると、「仰ぎ見る」ような気持ちになりますが、しかし、実は、これらの天才の姿は、決して、我々一般の人間にとって、「遠い彼方の人間像」ではありません。

なぜ、「空海」が、あれほど「多彩な才能」を開花させ得たのか？
なぜ、「ダ・ヴィンチ」が、あれほど「多彩な才能」を開花させ得たのか？
その「謎」を解き明かす鍵は、この「多重人格のマネジメント」にあります。

――　ということは、「空海」も「ダ・ヴィンチ」も、「多重人格」であったと・・・？

田坂　明らかにそうですね。

「空海」が、密教の修行をしているときの「人格」と、詩作をしているときの「人格」、土木工事を指揮しているときの「人格」は、それぞれ、明らかに違った「人格」だったでしょう。

「ダ・ヴィンチ」も、画家、音楽家、建築家、工学者、数学者、科学者、それぞれの才能を発揮しているときには、それぞれに違った「人格」が前に現れていたでしょう。

――　すなわち、**彼らが「万能の天才」と呼ぶべき「多彩な才能」を発揮し得た「秘密」は、彼らが「多重人格のマネジメント」を行っていたということ**だと・・・。

田坂　そうですね。おそらく、それは、彼らの無意識の世界で行われていたものと思いますが、彼らがあの「多彩な才能」を開花し得た背景には、まさに「多重人格のマネジメント」があったと思います。

そうであるならば、**人類の歴史において「天才」と呼ばれた人々。**
それは、何かの「突然変異」の人間の姿ではないのですね。
それは、人間なら誰もが持っている「可能性」を教えてくれた人々なのだと思います。

――ということは、我々も、その「多重人格のマネジメント」を行えば、彼らのように「多彩な才能」が開花し、「万能の天才」になれると・・・？

田坂　「万能の天才」ですか・・・(笑)。

「空海」や「ダ・ヴィンチ」ほどの才能の開花は容易ではないと思いますが、我々が、この**「多重人格のマネジメント」を適切に行えば、日常の仕事や生活において、これまで隠れていた人格を開花させ、隠れていた才能を開花させていくことはできる**でしょう。

――その**「適切に行えば」**という技法に興味がありますが・・・。その技法について、もう少し具体的に話を伺えるでしょうか？

田坂　分かりました。それでは、次の第三話で、その話をしましょう。

第三話　「隠れた人格と才能」を開花させる技法

――第二話の最後で、田坂先生は、

「多重人格のマネジメント」を適切に行えば、
日常の仕事や生活において、これまで隠れていた人格を開花させ、
隠れていた才能を開花させていくことができる。

と言われましたが、具体的には、その「多重人格のマネジメント」は、どのように行えばよいのでしょうか？

田坂　実は、すでに、これまでの第一話と第二話において、その「**基本的な技法**」については、様々に紹介してきましたので、まずは、それらを実践するだけで、必ず何かの変化が起こります。

——たしかに、ビジネスメールや電話を使った「人格切り替え」を実践しただけで、何かが変わり始めるでしょうね。「**精神的基礎体力**」だけでも、必ず、身につきますね。

田坂　そうですね、その「精神的基礎体力」は、極めて重要です。逆に言えば、そうした「基礎的修業」を抜きにしては、次の段階の「**高度な技法**」を身につけることはできないのですね。その体力が無ければ、ただ、技法を頭で理解しただけに終わってしまいます。

——耳の痛い話ですね・・・(苦笑)。私は、すぐに、「手っ取り早く技術を身につけたい」と、安易に考えてしまうので・・・(笑)。

田坂　いや、そうした安易な発想は、私も含め、誰の中にもありますが・・・(笑)。

それでは、**「隠れた人格と才能」を開花させる技法**について、少し高度な技法を、これから順を追って説明していきましょう。

なお、ここからは、第二話で使った**「ペルソナ」などの心理学の専門用語**は、あまり使わず、できるだけ分かりやすく説明していきたいと思います。

自分でも気がついていない「自分の姿」

まず最初に、話の導入として、一つ、分かりやすいエピソードを紹介しましょう。

私の**若い頃の「失敗談」**とでも呼ぶべきエピソードです。

実は、私は、工学部の大学院で博士号を得た後、縁あって、ある民間企業に就職したのですが、配属されたのはその企業の研究所ではなく、エネルギー関連の事業部の企画と営業の部署でした。従って、仕事は、官公庁や電力会社を相手とする法人営業でした。

しかし、その部署に配属になり、新入社員として真面目に仕事をしていたある日、上司の課長から言われたのです。この課長は、なかなか人間的魅力のある課長だったのですが、昼休みにその課長に誘われ、二人だけで昼食をとった後、近くの喫茶店で、冗談交じりに、こう言われたのです。

「田坂、お前のこと、周りの女子社員が、どう思っているか、知っているか？」

その突然の質問に対して、少し戸惑っていると、続けて、こう言われました。

「真面目すぎて、近寄りがたい、って言っているぞ・・・」


――それは、冗談でも、結構、厳しい言葉ですね・・・（笑）

田坂　そうなのです。笑いながら冗談交じりに言われた言葉でしたが、この課長の言葉が、そのとき、心の深くに入ってきました。とても大切なことを言われたと思ったのです。

そこで、夜、その課長の言葉を心の中で反芻《はんすう》していると、ふと、気がついたのです。

たしかに、その課長の言うとおり、自分の姿を顧みてみると、毎日、机に向かって「真面目」に仕事をしていました。しかし、たしかに「近寄りがたかった」でしょう。

例えば、女子社員が決裁の書類を持ってきても、「有り難うございます」「後で捺印しますので、そこに置いておいてください」といった、良く言えば「礼儀正しい」、悪く言えば「堅苦しい」対応をしていたのですね（笑）。

その自分の姿が心に浮かんだとき、気がつきました。

自分は、「民間企業」に就職しても、まだ「大学の研究室」にいるときのスタイルで仕事をしていたのです。言葉を替えれば、**会社で**「**企画職**」**や**「**営業職**」**に就いても、まだ、仕事のスタイルは**「**研究者**」**だった**のです。いや、仕事の「人格」が、まだ「研究者」だったのです。大学院で七年間も研究者生活をしていたため、「真面目な研究者人格」が染みついてしまっていたのですね・・・(笑)。

——それで、どうされたのですか?

田坂　「人格」を切り替えました(笑)。

——「人格」を切り替えると言っても、そう簡単ではなかったでしょう・・・?

田坂　いや、実は、それほど難しくなかったのです(笑)。

なぜなら、私は、大学では、登山関係の部に属していたのですが、この部では、全く別の「人格」で活動していたからです。

――別の「人格」とは？

田坂　「冗談好きで、話好きな、明るい人格」です。

――なるほど、先生の中に、そうした「話好きな、明るい人格」があることは、こうして楽しく話を伺っていると理解できるのですが、先生は「冗談」も好きなのですか？

田坂　ええ、好きですね・・・。

――意外ですね・・・。先生の著書を読むと、『**なぜ、働くのか**』や『**人生の成功とは何か**』など、深く、静かに、そして重く、人生を語った本が多いですが、その著者のイメージとは違いますね・・・(笑)。

田坂　そうですか・・・(笑)。それは、そんなに不思議なことではないかと思います。

『沈黙』などの重厚な作品を残された芥川賞作家の**遠藤周作**さんは、「**狐狸庵**《こりあん》」という名前でユーモア・エッセイを数多く残されていますし、臨床心理学者の**河合隼雄**さんは、「**大牟田雄三**」という偽名のもう一人の自分と、冗談を交わす対談本を残されていますよ・・・(笑)。物書きの人で「多重人格」の人は、決して少なくないですね。

いや、**物書きを仕事にする人は、自然に「多重人格」になっていく**と言っても良いですね(笑)。

——なるほど、そんな話を伺っていると、先生が、この対話の冒頭で、「一時間、聴衆、笑いっ放し」といった講演をするときがあると言われていたのも、どうも、本当のようですね・・・(笑)。

しかし、話を元に戻して、その「人格の切り替え」を行った結果、何が変わったのでしょうか？

「人格の切り替え」が仕事をやりやすくする

田坂　仕事が、とても、やりやすくなりました。
実は、入社して当初、この「冗談好きで、話好きな、明るい人格」を、無意識に抑圧していたのですね。「実社会では、そうした人格を表に出すのは、良くない」と、勝手に思い込んで、自分の心の中で、その人格を抑圧していたのですね。
ところが、大学の研究室とは違い、実社会においては、人間関係がすべてですので、「冗談好きで、話好きな、明るい人格」を前に出すことによって、女子社員も含めて、職場の人間関係が円滑になり、仕事が、とても、やりやすくなったのですね。

――　それで、「真面目な研究者人格」は、どうなったのですか？

田坂　引き続き、健在でしたよ（笑）。
先ほど、「人格を切り替えました」と言ったのは、職場での日々の人間関係において、「話好きな、明るい人格」を前に出すようにしたという意味であって、「真面目な研究者人格」を、すべて抑圧し、決して表に出さないようにしたわけではないのです。

仕事においては、この「真面目な研究者人格」が、むしろ良い結果をもたらす場面も多いのですね。例えば、研究所との技術的な打合せや、お客様への技術的な説明などの場面では、この「真面目な研究者人格」を前に出した方が、相手からの信頼を得られるのです。

従って、「**人格を切り替えた**」という意味は、「日常の職場で表に出す人格を切り替えた」という意味であり、正確に言えば、「**自分の中の『様々な人格』の中から、職場の状況において『表に出す人格』を適切に選ぶようにした**」という意味なのですね。

―― たしかに・・・、同じ職場でも、女子社員が決裁の書類を持ってくるときと、重要なプロジェクトがトラブルに陥っているときでは、「違う人格」が前に出ますよね・・・。

田坂　その通りです。トラブルのとき、「冗談好きで、話好きな、明るい人格」が前に出たのではまずいですね（笑）。

―― しかし、先生の場合には、たまたま「話好きな、明るい人格」があったので、そうした「人格の切り替え」ができたのですが、そうした「明るい人格」が無い人の場合にはどうすればよいのでしょうか？

誰の中にも「すべての人格」が潜んでいる

田坂　いや、実は、**「明るい人格が無い」という人は存在しないのです。**「暗い人格」と言われる人の中にも、必ず「明るい人格」が隠れているのですね。ただ、その「隠れた人格」が、ほんの少しの努力で、容易に表に出てくる人と、努力をすれば、その人格が育って表に出てくる人、その人格を強く抑圧してしまっているため、相当な努力をしても、それが表に出てこない人がいるのです。

――　誰の中にも、必ず「明るい人格」が隠れている・・・。

田坂　そうです。いや、さらに言えば、**誰の中にも、可能性としては、「すべての人格」が隠れているのです。**なぜなら、世の中に「人格形成」という言葉があるように、我々の**「人格」とは、そのかなりの部分が、「生きてきた環境」「出会った人間」「与えられた経**

験」などによって、「後天的」に「形成」されるからです。従って、環境、人間、経験を適切に選び、時間をかけることによって、本来、**我々は、その可能性の中から、自分の意志で、「どのような人格」でも育てていける**のです。

――しかし、我々の「人格」の形成において、**遺伝的特質などの「先天的要因」**が、大きな影響を持つのではないですか？　「先天的要因」が、制約になるのではないですか？

田坂　もちろん、我々の**「人格」の形成においては**、「先天的要因」も明確な影響を持ちますが、それに比べて、**環境、人間、経験などの「後天的要因」が、圧倒的に大きな影響を持つ**のですね。従って、本来、**「人格」というものは、意識的に育てていくことができる**のです。

例えば、第一話で申し上げたように、私自身は、高校生の頃、明らかに「話下手の人格」が中心的人格だったのですが、現在は、永年かけて育ててきた「プロフェッショナル話者の人格」が中心的人格になっていますね。

また、私の中学校時代の友人で、当時は、大人しく、口数の少ない性格だった人物が、後に、著名なコンサルティング会社の代表を務めたりしていますね。彼の場合も、何十年かかけて、「プロフェッショナル話者の人格」を、自分の中に育ててきたのでしょう。
むしろ、大きな問題は、我々の多くが、自分の「人格」や「性格」について、「**親から受け継いだものだから、仕方がない**」や「**生まれつきこうだから、変えようがない**」という「**強い固定観念**」と「**自己限定の意識**」を抱いてしまい、本当は、自分の中に、新たな「人格」や「性格」を育てることができるという事実を理解していないことです。

――しかし、そうは言っても、現実には、自分の「人格」を変えることは、極めて難しいですよね・・・？

田坂　その通りです。永年の「生きてきた環境」「出会った人間」「与えられた経験」によって形成された現在の人格は、やはり強固であり、それを簡単に「変える」ことはできません。

――現在の人格を変えられないとすれば、どうすればよいのでしょうか？

人格は「変える」のではなく「育てる」

田坂　現在の人格を「変えよう」とせず、新たな人格を、自分の中に「育てる」ことです。

――「変えよう」とせず、「育てる」・・・？

田坂　例えば、先ほど申し上げたように、私は、高校生の頃、「**話下手の人格**」が中心的人格だったのです。しかし、現在は、永年かけて自分の中に育ててきた「**プロフェッショナル話者の人格**」が中心的人格になっているのです。ただ、これは、私の中の「話下手の人格」が消えてしまったわけではないのです。実は、いまも、「恥ずかしがりで、人前に出るのを避けたがる人格」は自分の中にいるのですが、現在では、あまり表に出てこないし、表に出さないようにしている人格なのです（笑）。

逆に、「プロフェッショナル話者の人格」は、最近では、中心的人格として振る舞っていますが、実は、後天的に育ってきた人格なのです。私は、この「**プロフェッショナル話者の人格」が、自分の中で、初めて顔を出し、育ち始めた瞬間**も、鮮明に覚えています。

――それは、いつですか？

田坂　大学一年のときの学生自治会の代議員大会ですね。クラスで選ばれた代議員として、初めて、数百名の学生を前に、壇上で話をしなければならなくなったとき、最初、壇上に登った自分は、緊張して、何を話して良いか分からない状態だったのです。ところが、その瞬間に、突如、自分の中から、全く違う人格が顔を出し、力を込めて語り始めたのです。もちろん、いまから見れば、まだ極めて拙い学生的スピーチではあったのですが、明らかに、違う人格が顔を出して話し始めたことを、鮮明に記憶しています。

――その「緊張して、何を話して良いか分からない」という姿は、いまの先生の「プロフェッショナル話者」の姿からは、想像もつかないですね・・・（笑）。

田坂　だから、新たな人格を、自分の中に「育てる」ことができると申し上げているのです（笑）。私の現在の「プロフェッショナル話者の人格」は、永年かけて育ててきた「後天的」な人格です。そして、一方で、昔の中心的人格であった「話下手の人格」も消えてしまったわけではなく、依然として、自分の中に存在しています。

――だから、**現在の人格を「変えよう」とせず、新たな人格を、自分の中に「育てる」**べきだと言われるのですね？

田坂　そうですね。では、別の例で説明しましょう。いま、「**怒りやすい人格**」の人がいたとします。この「怒りやすい人格」を「**寛容な人格**」に「変える」ことは至難の業です。なぜなら、仮に、その「怒りやすい人格」を抑圧して、自分の中から「消し去った」と思い込んでも、実際には、心の奥深くに押し込んだだけで、消えていませんから、何かの拍子に、その「怒りやすい人格」が、突如、表に出てきて「爆発」することになります。特に、**強く「抑圧」すると、強く「爆発」する**ことになります（笑）。

――それは、よく分かります（笑）。

田坂　従って、この「怒りやすい人格」はそのままに、新たに、自分の中に「寛容な人格」を「育てる」ことです。もし、すでに、その「寛容な人格」が萌芽《ほうが》として自分の中に存在しているならば、それを大きく育てることです。そして、仕事と生活の様々な場面で、この「寛容な人格」を前に出す修業をすることです。その修業を続けると、不思議なことに、少しずつ、その「寛容な人格」が育ち、適切なタイミングで前に出てくるようになります。

――そのとき、「怒りやすい人格」は、どうなりますか？

田坂　「抑圧」していないので、コントロールできない形で「爆発」することは、あまり起きません。ただ、その「怒りやすい人格」にも、**ときおり、「出番」を作ることが必要**です。周囲に被害を与えない形での「出番」です（笑）。

――「怒りやすい人格」の「出番」ですか・・・面白いですね（笑）。しかし、その「怒りやすい人格」や「寛容な人格」の「出番」を作るのは、一体、誰なのでしょうか？

田坂　この修業を続けていると、自然に、その「**出番**」**を作る**「**もう一つの人格**」が現れてきます。敢えて比喩的に言えば、「**役者**」**に出番を指示する**「**舞台監督**」のような人格です。ただ、その「もう一つの人格」については、大切なテーマですので、後ほど、詳しく述べたいと思います。

――なるほど、「舞台監督」ですか・・・。ただ、その「出番」や「舞台監督」という言葉で心に浮かぶのですが、そもそも、自分の中に、**ある人格を**「**育てる**」ということと、**ある人格を**「**演じる**」ということは、どう違うのでしょうか？

人格を「演じる」ことは、人格を「育てる」こと

田坂　とても大切な質問ですね。実は、誤解を恐れずに言えば、「**ある人格を演じる**」と**いうことと、**「**ある人格を育てる**」**ということは、同じこと**なのです。正確に言えば、ある人格を「演じる」ことを、長期間行っていると、自然にそれが、板についた「人格」になり、一つの「人格」として自分の中に育っていくのです。

例えば、何かの理由で、ある人物がリーダーの立場に置かれ、周囲からも期待される「リーダー像」を、気持ちを込めて演じていると、その人物は、自然に「リーダーらしく」なってくるのであり、いつか、それが「本来の人格」のようになってくるのです。そうした事例は、世の中に数多く見受けられます。

――たしかに、世の中で、「リーダーらしくなってくる」「父親らしくなってくる」といった言葉は、しばしば使われますね。**ある人格を、気持ちを込めて「演じて」いると、その人格が、自然に「育って」くる**のですね・・・。

田坂　そうですね。まさに、その意味において、**我々は、「様々な人格」を育てることができるのであり、我々の中には、可能性として、「すべての人格」が隠れている**のです。

そして、そのことを理解したならば、「多重人格のマネジメント」の技法を修得するためには、まず無条件に「**自分の中には、すべての人格が隠れている**」と思い定めて頂きたいのです。なぜなら、そう思い定めることが、自分の中に隠れている「様々な才能」を開花させるための、極めて大切な心構えになるからです。

――なぜでしょうか？

田坂　第一話でも申し上げたように、「**才能の本質は、人格**」だからです。従って、「**自分の中には、すべての人格が隠れている**」**と思い定めることは**、「**自分の中には、すべての才能が隠れている**」**と思い定めることと**、同じことなのです。

逆に言えば、「自分の人格は、これだけだ」と思ってしまうことは、「自分の才能は、これだけだ」と思ってしまうことと同じであり、その結果、第二話でも述べたように、「**自己限定の深層意識**」が生まれてしまい、「才能の開花」を抑えてしまうのです。

――なるほど・・・。しかし、「自分の中には、すべての人格が隠れている」と思い定めたとしても、現実には、日常の仕事や生活において「表に出ていない人格」を、どうすれば、表に出せるのでしょうか？　そして、その「人格」を活用できるのでしょうか？

「隠れた人格」の三つのレベル

田坂　そのための技法は、いくつもありますが、ただ、「表に出したい人格」が、どのレベルの「隠れた人格」かによって、技法の難しさが違ってきます。

――「隠れた人格」に、レベルがあるのですか・・・？

田坂　あります。実践的な技法の観点から分類すれば、**「隠れた人格」には、「三つのレベル」**があります。

第一は、「表層人格」と呼ぶべきものです。これは、**ある状況では隠れていますが、他の状況では、すでに表に出ている人格です。**この第三話の冒頭で紹介した、私の「話好きな、明るい人格」は、友人関係などでは表に出ていたのですが、入社当初、職場では無意識に抑圧していたため、表に出ていなかった人格であり、この「表層人格」の事例です。

第二は、「深層人格」と呼ぶべきものです。これは、**現在は隠れており、表に出てきていない人格ですが、置かれている立場や状況が変わったり、意識的な努力をすることによ**

って、**自分の中に育ち、表に出てくる人格です。**例えば、先ほど、「父親らしくなってくる」という言葉を使われましたが、親に甘えてばかりの自立心の無かった若者が、結婚し、子供を授かり、親としての自覚が芽生えてくると、周囲から「あいつも、父親らしくなってきたな・・・」「この子も、すっかり母親になって・・・」などと言われることがあります。これは、立場が変わったことによって「父親人格」や「母親人格」が自分の中に育ち、表に出てきたのであり、世の中で、しばしば見られる「深層人格」の事例です。

第三は、「抑圧人格」と呼ぶべきものです。これは、**何かの理由で、強く抑圧されており、心の奥深くに抑え込まれ、なかなか表に出てこない人格です。**例えば、幼少時に親から虐待され、甘えることが許されなかったため、強く抑圧してしまった「他者に甘える人格」などが、その一つの事例です。

このように、「隠れた人格」には、この「**三つのレベル**」があります。そして、「**隠れた人格」がどのレベルかによって、それを開花させ、活用する技法が異なってくる**のです。

――なるほど、その「三つのレベル」のいずれかによって、技法が異なるのですね。
では、「隠れた人格」が第一の「表層人格」の場合には、それを開花させ、活用するために、どのような技法を実践すればよいのでしょうか？

「表層人格」を開花させる技法

田坂　「**表層人格**」の場合には、まず、次の「**四つの技法**」を実践してみてください。
まず、第一は、

自分が、いまの仕事に「どのような人格」で取り組んでいるかを、自己観察する

という技法です。

――「どのような人格で取り組んでいるか」ですか・・・？　なぜ、それを考える必要があるのでしょうか？

見えていない「自分の仕事人格」

田坂　我々は、意外に、自分が、どのような「人格」で仕事に取り組んでいるかを知らないからです。

例えば、ある営業担当者に「あなたは、どのような人格で営業の仕事をしていますか」と聞いたとします。こうした場合、しばしば返ってくるのが、「お客様の前では、できるだけ明るい性格で振る舞うようにしています」といった答えです。この人は、「営業担当者は、お客様に明るく応対」といったステレオタイプの営業担当者像を固定観念にしてしまっているのです。

しかし、もし、この営業担当者が「仕事のできる営業担当者」であるならば、間違いなく、「**明るい性格**」だけでなく、「**細やかな性格**」でも仕事をしています。その性格によって、お客様の何気ない表情を読む、言葉の奥の心の動きを感じ取るなどの「細やかさ」という才能を発揮しています。そして、営業プロフェッショナルとして一流の世界を目指すならば、「明るい性格」よりも、むしろ、この「細やかな性格」をさらに磨いていくことが王道なのですが、自分の中にある「細やかな性格」に気がつかないかぎり、この性格や人格を意識的に育てていくことはできないのです。

――**自分でも気がついていない「人格と才能」は、育てようがない**ということですね。

田坂　そうです。従って、この営業担当者の上司が「優れた上司」であるならば、「誉め言葉」を通じて、この「気がついていない人格」に気がつかせてくれるでしょう。例えば、「君の、あの細やかな気配りは、さすがだな・・・」「お客様は、言葉にしなくとも、君が気持ちを汲《く》んでくれるので、喜ばれていたな・・・」といった誉め言葉です。

――なるほど・・・「**誉め言葉**」ですか・・・。

田坂　そうです。そもそも、**部下に対する「誉め言葉」は、単に「部下のモチベーションを上げるためにあるのではなく、本来、「部下の成長」を支えるためにある**のですね。

残念ながら、最近のマネジメント論は、「いかに部下のモチベーションを上げるか」といった**操作主義的な傾向**が強いので、部下の成長を支えられる上司が育たないのですが。

――つまり、部下自身も気がついていない性格や人格に気がつかせてあげることも、上司の大切な役割なのですね・・・。マネジメントの世界は、奥が深いですね・・・。

田坂　そうですね。この第三話の冒頭に紹介した私の上司は、「お前のこと、周りの女子社員が、どう思っているか、知っているか?」という一言で、そのことを気がつかせてくれたのです。

従って、このことを逆に見れば、職場において「自分で気がついていない人格」に気がつくためには、優れた上司や先輩に聞くという方法があるのですね。

――なるほど、その方法も含め、「**自分が、いまの仕事に『どのような人格』で取り組んでいるかを、自己観察する**」ことが第一の技法ですね。では、第二の技法は?

田坂　第二は、

自分が、仕事以外の世界で「どのような人格」を表しているかを、自己観察する

という技法です。

――「仕事以外の世界」での人格とは？

田坂　例えば、家族との関係、友人との関係、恋人との関係で現れる人格などです。それぞれの関係において、自分の中の「どのような人格」が表に出ているかを自己観察してみることです。それをすると、それぞれの関係において、かなり違った自分が表に出ていることに気がつくでしょう。その自己観察を通じて、**自分の中に、どのような人格があるかを、一度、深く見つめてみる**ことですね。

――そう言われてみれば、私も、家族と一緒のときと、職場にいるときでは、かなり違った人格が表に出ていると思いますが・・・(笑)。この技法は、家族、友人、恋人との関係で表れる「自分」を見つめるということですか・・・？

田坂　そうです。例えば、先ほど紹介した、私の中の「話好きな、明るい人格」です。これは、大学の部活動での友人関係においては、表に出していたのですが、実社会の職場では、入社当初、あまり表に出さなかった人格です。しかし、ひとたび、その人格が仕事において大切な役割をすると気がついてからは、職場でも、それを表に出すように努めたわけです。

この私と同様、職場には、「同僚や友人などと気楽に話しているときの、あの人格を、仕事でも、もっと前に出せばよいのに」と思うメンバーがいますね（笑）。

――たしかに、そうしたメンバーがいますね・・・（笑）。この人は、どうして、そうしないのでしょうか？

人格を抑圧してしまう「自意識」

田坂　一つの理由は、「**自意識による抑圧**」ですね。

「職場でこうした人格を表に出すと、周りから誤解されるのではないか」という自意識や「上司からの評価が落ちるのではないか」という自意識、さらには「自分を優秀に見せたい」や「自分を格好よく見せたい」という自意識が、その人格を表に出すことを抑圧してしまうのですね。

――なるほど・・・。しかし、そうした自意識は、誰の中にもありますね（苦笑）。

田坂　そうですね。新入社員の頃の私にも、そうした自意識があったような気がしますが・・・（笑）。その自意識の壁を壊してくれたのが、あの上司の一言だったのですね。

――その意味で、やはり、上司の役割は大きいですね。

ただ、たしかに、職場のメンバーの中には、「仕事において、あの人格を、もっと前に出せばよいのに」と思うメンバーもいますが、上司がそのことをアドバイスし、「自意識による抑圧」を解いてあげても、なかなか不器用で、人格の切り替えができない人もいますね？

田坂　そういう方も少なくないですね。ただ、すでに表に出ている「表層人格」であるにもかかわらず、それを仕事の場面で表せない場合、その方の本当の問題は、必ずしも、「不器用さ」ではないのです。

――何が問題なのでしょうか？

「不器用さ」とは精神的体力の欠如

田坂　一つの理由は、やはり「**基礎体力**」**が無い**からですね・・・。

――「基礎体力」が無いというのは、第一話で述べられた「精神的基礎体力」が無い、すなわち、「精神のスタミナ」が足りないということですね・・・？

田坂　そうです。「人格の切り替え」ということは、何度か申し上げているように、単に一つの人格からもう一つの人格に切り替えるという行為ではなく、「**これまで表に出して**

いた人格」に、「**これまで表に出していなかった人格**」を加えて、それら「**複数の人格」を状況に応じて適切に使い分ける**という行為なのです。

そのため、それを実際に行おうとすると、「**置かれた状況の判断**」「**周囲の人間の心境の感知」「適切な人格の選択」「自然な人格の切り替え」という一連の作業を、瞬時に行う**必要があり、それには、相応の集中力が求められるのです。

それは、言葉を替えれば、「精神的基礎体力」、すなわち「精神のスタミナ」が求められる行為なのです。

――従って、「精神的基礎体力」が無ければ、その高度で複雑な行為である「人格の切り替え」はできないのですね・・・。

田坂　そうです。少し厳しい表現になってしまいますが、それが「表層人格」であるにもかかわらず、「**人格の切り替え」ができない人は**、「**不器用」なのではなく**、「**基礎体力」が無い**のですね。置かれた状況に応じて「人格の切り替え」が必要であることを理解し、それを実行しようと思っても、そのことを実行するだけの「基礎体力」が無いのです。

そして、このことを別な角度から見れば、我々が、仕事において「表の人格＝ペルソナ」を選んで被る一つの理由が分かります。

「そうした方が楽だから」です。

――　いちいち状況に応じて「人格」を切り替えていては、「疲れる」からですね（笑）。

田坂　そうです。逆に言えば、状況に応じて、自然に、滑らかに「人格」を切り替えられる人は、例外なく、「精神的基礎体力」に優れ、「精神のスタミナ」が高いレベルにある人です。そして、その**「精神のスタミナ」が高いレベルにあるということは、分野を問わず、「仕事ができる人」の基本的な条件であり、「一流のプロフェッショナル」への絶対的な条件**なのですね。

そして、このことを理解すると、「表層人格」を開花させる技法として、次の第三の技法の大切さを理解することができるでしょう。

それは、

「仕事のできる人」が、仕事でどのように「人格」を切り替えているかを、観察する

という技法です。

――**「観察する」**とは、具体的には？

田坂　例えば、企画プロフェッショナルで「仕事のできる人」から「人格の切り替え」を学ぼうと思うならば、その人が主宰する企画会議などに参加し、その人が「人格」を切り替える瞬間を、注意深く観察することです。例えば、発散気味に進んできたアイデア出しの会議を、後半、まとめモードに切り替えるときの「人格の切り替え」などを観察することです。その人が、それなりのプロフェッショナルならば、前半で表に出している人格と、後半で表に出す人格が違っていることに気がつくでしょう。

――それが、第一話で先生が語られた「**始め民主主義、終り独裁**」の人格切り替えですね・・・(笑)。

田坂　それ以外にも、「そのアイデア、面白いね」といった激励モードの人格と、「うーん、こんなアイデアしか出ないのか・・・」という辛口モードの人格の切り替えなど、一流の企画プロフェッショナルを見ていると、実に、色々な人格が出てきますね（笑）。

――なるほど、要するに、企画であっても、営業であっても、「仕事のできる人」と一緒の会議や商談に出て、その人が「人格の切り替え」を行う瞬間を、注意深く観察することですね。

田坂　その通りです。そして、その学びをするためには、実は、「**一緒の会議に出る**」という以上の技法があるのですね。

――何でしょうか？

田坂　「**かばん持ち**」をすることです。

――「かばん持ち」・・・ですか・・・？

田坂　そうです。これは、極めて有効な方法です。特に、**優れた経営者や起業家、マネジャーやリーダーの「かばん持ち」をすることは、この「人格の切り替え」を学ぶ、最高の方法**です。なぜなら、こうした人々は、意識的にも、無意識にも、「多重人格のマネジメント」を行っており、仕事においては、実に自然に「人格の切り替え」を行っているからです。従って、優れた経営者や起業家、マネジャーやリーダーの「かばん持ち」を務めながら、その姿を、一日、傍《はた》から見ていると、大変、勉強になるでしょう。

実は、私も、若いビジネスパーソンの時代に、当時、勤めていた会社の専務の「かばん持ち」として、海外出張などに何度も随行する機会がありましたが、その「かばん持ち」をしながら、一日、随行していると、その専務の中に、**「辣腕の経営者」や「天性の社交家」という人格だけでなく、「卓抜な戦略家」「深い思想家」「幅広い趣味人」「敬虔《けいけん》な信仰者」など、幾つもの人格があり、それらが自然に切り替わっていく姿を見ることができた**のです。この専務は、後に、この会社の社長、会長になられた方ですが、その姿から、多くを学ばせて頂きましたね。

――なるほど、「かばん持ち」とは、単なる「雑用係」ではないのですね・・・。しかし、それにしても、「仕事のできる人」や「一流のプロフェッショナル」から学ぶために、なぜ、そこまで細やかに「人格の切り替え」を観察する必要があるのでしょうか？

田坂　世の中には、「**プロフェッショナル論**」の誤解があるからです。

――「プロフェッショナル論」の誤解ですか・・・？

世に溢れる「プロフェッショナル論」の誤解

田坂　そうです。世の中の書籍や雑誌、テレビやウェブなどを見ていると、しばしば、「仕事のできる人のスキルは、これだ！」「あのプロフェッショナルの技を、盗め！」といったメッセージを目にしますが、実は、「仕事のできる人」や「一流のプロフェッショナル」から本当に学ぼうと思うならば、一つ二つの「スキル」や「技」を盗んだだけでは、力を発揮できないのです。

――どうしてでしょうか？

田坂　なぜなら、**一流のプロフェッショナルは、一つ二つの「技」で、その高度な力を発揮しているわけではない**からです。一流のプロフェッショナルは、**様々な「技」の、全体バランスによって力を発揮している**からです。

例えば、優れたプレゼンテーションを行うプロフェッショナルは、ただ「話が上手い」という「技」だけで成功しているわけではないのです。「話が上手い」だけでなく、「聴衆の気持ちを読む」という「技」、「言葉を超えて身振り手振りで伝える」という「技」、「スライドで効果的に言葉を伝える」という「技」など、様々な「技」の組み合わせと全体バランスで成功しているのです。

そして、この「様々な技」の奥には、それぞれ「様々な人格」があるのです。

従って、このことを言い換えれば、**一流のプロフェッショナルは、一つ二つの「人格」で、その高度な力を発揮しているわけではない**のです。**様々な「人格」の、全体バランスによって力を発揮している**のです。

――なるほど、それが、「『仕事のできる人』が、仕事でどのように『人格』を切り替えているかを、観察する」という第三の技法が大切になる理由ですね。

田坂　そうですね。そして、このことを理解すると、当然のことながら、次の第四の技法が大切になります。

それは、

自分の仕事において、表に出して活用する「人格」を、切り替える

という技法です。

例えば、第一話では、銀行の窓口での「仕事のできる先輩行員」の事例を紹介しましたが、この先輩行員は、次の「三つの人格」を適切に使い分けて仕事をしていました。

「顧客を不愉快にさせないよう応対する、温かく親切な人格」

「顧客からの信頼を得られる、几帳面で細やかな人格」
「後輩を指導する、厳しくも包容力のある人格」

従って、後輩の行員が、この先輩行員の仕事ぶりを観察しながら、「自分は『几帳面で細やかな人格』で正確な仕事はできているが、そのことに集中するあまり、顧客に対して『温かく親切な人格』で対応できていない」と考えるならば、その「温かく親切な人格」を意識して自分の中に育て、それを仕事において表に出すように努めるべきでしょう。

――それが、この第三話の冒頭で言われた、「『人格』というものを、意識して育てる」ことかと思いますが、実際に、そんなことができるのでしょうか？

意識して育てる「隠れた人格」

田坂　できます。特に、その「隠れた人格」が「表層人格」であるならば、少しの工夫と努力で、それを意識的に育て、表に出すことができるようになります。

私自身、いま振り返ると、実社会に出た当初は「気の利かない性格」であったと思いますが、営業の仕事を通じて、「気を利かせる」「気を配る」「気を使う」という修業を積んでいると、やはり、それなりに「気の利く性格」が、自分の中に育ってくるのですね。

むしろ、「才能開花」という視点から見たとき、最も怖いのは、何度も申し上げますが、「そもそも、自分は、気の利かない性格だ」「自分は、不器用だから、この性格は直らない」といった「自己限定」をしてしまうことです。

それは、そのまま、自分の「性格」や「人格」の幅を狭めてしまい、結果として、「能力」や「才能」の幅を狭めてしまうのですね。

――そう考えると、第二話で語られた「**自己限定**」**の問題は、**「**人格と才能の開花**」**という点では、極めて大きな問題**ですね・・・。

では、さらに踏み込んだ質問ですが、自分が仕事において開花すべき「人格」が、まだ表に出ていない「深層人格」のときは、どうすればよいのでしょうか？

「深層人格」を開花させる技法

田坂　どうすれば「深層人格」を開花させていくことができるのか？　そのための技法も、色々ありますが、ここでは、「**三つの技法**」を紹介しておきましょう。

第一は、

優れたプロフェッショナルを「師匠」として、その「師匠」から「人格」を学ぶ

という技法です。

――「師匠」から「人格」を学ぶのですか？

「師匠」から学ぶのは、「技術」や「心得」ではないのですか？　田坂先生の著書では、しばしば、そのことを語られていますね？

田坂　よくご存じですね（笑）。たしかに、「師匠」から「技術」や「心得」を学ぶことは大切なことですが、実は、「**師匠」から学ぶべき最も深いものは、「人格**」なのです。

――「人格」が・・・学べるのですか？

田坂　そうです。例えば、職場で優れたリーダーシップを発揮している上司からは、その上司を「師匠」として「リーダーシップ人格」を学ぶことができます。また、優れた営業力を発揮している上司からは「営業プロフェッショナル人格」、企画力を発揮している上司からは「企画プロフェッショナル人格」を学ぶことができます。

――「リーダーシップ人格」とは、学べるものなのですか？　そもそも「リーダー」に向いている人と、向いていない人がいるような気がしますが・・・？

田坂　いや、逆ですね。実は、**誰もが持っていながら開花せずに終わっているのが、この「リーダーシップ人格」**なのです。先ほど、誰もが「すべての人格」を持っていると言いましたが、この「リーダーシップ人格」も、基本的には、誰もが持っているのですが、誰もがそれを発揮する機会を持つわけではないので、開花せずに終わることが多いのです。

特に、この人格は、**ある状況や立場に置かれると、自然に開花する人格**でもあるのです。

――本当ですか・・・？

立場が引き出す「リーダーシップ人格」

田坂　例えば、強力なリーダーが突然いなくなった状況において、それまで、その強力なリーダーの下で影が薄かったナンバー2が、不思議なほど、リーダーシップを発揮して、その組織を牽引するという事例は、決して珍しくありません。

これは、何が起こったのかと言えば、強力なリーダーがいなくなった緊急事態において、ナンバー2の中から、「もう頼れる上司はいない」「自分が決めるしかない」という自覚とともに、「リーダーシップ人格」が引き出されてきたのです。逆に言えば、このナンバー2の心の中の、**「この上司についていけば」「自分が決めなくても」という依存心が、彼の中の「リーダーシップ人格」の開花を妨げていた**のです。そして、それが、彼の「影が薄かった」理由でもあるのです。

――すなわち、このナンバー2に、「リーダーシップ人格」が無かったわけではなく、状況と立場が、彼の中の「リーダーシップ人格」の開花を抑えていたのですね・・・。

田坂　そうです。だから、大企業などにおいては、経営トップが、「僕がいては、次が育たんだろう」と言って勇退する例などがあるのですね。

そして、こうした「リーダーシップ人格」の開花は、決して、仕事の世界だけではありません。

それまで、頼り甲斐のある夫の陰で、控えめな妻として家庭内に収まっていた女性が、突如、その夫が他界するなどの状況変化の中で、彼女の中の「リーダーシップ人格」が表に出てきて、夫の代わりに働きに出て、家計を支え、子供を養い、立派な社会人に育てるといった例も、決して珍しくないですね。

――たしかに、「頼れる誰か」がいるかぎり、我々の中の「リーダーシップ人格」は開花しませんね・・・。

田坂 そうですね。このように、「**リーダーシップ人格**」は、実は、**誰もが持っていながら開花せずに終わっている人格**であり、誰でも、**ある状況や立場に置かれると、自然に開花する人格**でもあるのです。

しかし、多くの人は、「自分はリーダーには向いていない」といった自己限定によって、この「リーダーシップ人格」を開花させずに終わっているのです。

――どうして、先生は、そのことを強く確信されるのでしょうか?

誰もが持っている「リーダーシップ人格」

田坂 実は、私自身、高校ぐらいまでは、自分の中に隠れている「リーダーシップ人格」に気がついていなかったからです。高校ぐらいまでは、私自身、自分がリーダーが務まる人間だとは思っていませんでした。

――それが、なぜ・・・。実社会に出られてからは、先生は、マネジメントや経営の道を歩んで来られましたね。まさに、「リーダーシップ」の道を・・・。
何が転機で、先生の中の「リーダーシップ人格」が表に出てこられたのですか？

田坂　先ほども申し上げましたが、最初のきっかけは、大学時代に、学生自治会の活動に取り組んだからでしょうね。いや、当初は、「取り組んだ」というよりも、「巻き込まれた」と言った方が良いでしょう。
そして、結局、「自治会委員長」の役割を担うことになったのです。しかし、その立場が、私の中に隠れていた「リーダーシップ人格」を引き出したのですね。
世の中では、しばしば、「**立場が人を育てる**」と言われますが、ある意味で、「**立場が人格を引き出す**」ということも、真実なのです。

――「立場が人格を引き出す」ですか・・・。

田坂　そうですね。例えば、優れた経営者の方で、若い頃から、役職が上がるにつれ、次々と人格が変わってきた方は珍しくないですね。いわゆる「**出世魚**」と呼ばれる方です。課長になったら、課長らしい人格になり、部長になったら部長らしく、役員になったら役員、専務になったら専務、社長になったら、見事に社長らしい人格が表に出てくる人物のことです。

――なるほど、「出世魚」ですか・・・。たしかに、大企業の経営者などで、周りからそう評される方はいますね・・・。ただ、そこまで、高度なレベルでなくとも、「リーダーシップ人格」というものが、誰の中にも隠れているということ、それが、置かれた立場によって引き出されるということは、理解できるような気がします。

ところで、そうした「人格」の中で、「営業プロフェッショナル人格」や「企画プロフェッショナル人格」といったものがあるのですか？

田坂　あります。例えば、営業のプロフェッショナルとして修業をしていると、自然に、**最も営業力を発揮できる「人格のモード」**があるのですね。それを、私は、「**営業プロフェッショナル人格**」と呼んでいます。

私自身、この第三話の冒頭でも述べたように、大学院を終えて民間企業に就職し、営業職に就いたわけですが、それまでの「研究者人格」から「営業プロフェッショナル人格」への切り替えを、行わざるを得なかったわけです。

――その「営業プロフェッショナル人格」は、どのようにして身につけられたのですか？　やはり、優れたプロフェッショナルを「師匠」として学ばれたのでしょうか？

「師匠」とは、同じ部屋の空気を吸え

田坂　その通りです。その「人格」は、職場の上司を「師匠」として学んだのですね。

実は、私が新入社員として最初に仕えた上司は、幸いなことに、「**営業の達人**」とでも呼ぶべき人だったのですが、朝から晩まで、この上司と行動を共にしながらその言動を見ていると、**どの場面で、どのような人格で処すべきか**が分かってくるのです。そして、自然に、自分の中のそうした人格が引き出されてくるのです。

――「人格」が「引き出されてくる」のですか・・・？

田坂　そうです。その上司と、毎日、行動を共にし、どの場面で、どのような人格で処していているかを、注意深く学んでいると、自分の中から、必要な「人格」が、自然に引き出されてくるのです。隠れていた「人格」が、自然に引き出されてくるのです。

特に勉強になったのが、その上司の**電話での顧客との応対**です。当時の私の職場は、大部屋で狭い机、すぐ横に上司が座っていて頻繁に電話を取るのですが、その電話のやりとりが、大変勉強になったのです。

その電話は、顧客への売り込み、顧客からの受注、顧客のクレーム対応を始め、上司への報告、社内への業務連絡、部下への指示、さらには、社内ゴルフコンペの打ち合わせなど、様々な案件なのですが、注意深く聴いていると、案件によって、上司の中の「人格の切り替え」が自然に行われるのが分かるのです。それが、大変、勉強になりましたね。

昔から、師匠から学ぶときの心得として、「**師匠とは、同じ部屋の空気を吸え**」という言葉が語られますが、実際、この上司と毎日同じ部屋の空気を吸いながら、その「**技術**」や「**心得**」**だけでなく、その背後にある**「**人格**」**を学ぶ**ことができたのですね。

――なるほど、「師匠とは、同じ部屋の空気を吸え」ですか・・・。そうやって、上司から学んでいると、どのような変化が起こるのでしょうか？

弟子が師匠に「似てくる」段階

田坂　**「似てくる」**のです。

――「似てくる」のですか・・・？

田坂　ええ、話し方が、そして、雰囲気が、その上司に似てくるのです。それは、ある意味で、当然のことで、仕事を共にする中で、その上司の人格に似た人格が、自分の中から引き出されてくるので、話し方や雰囲気が似てくるのです。だから、その頃は、周りの同僚から、「田坂は、話し方が、課長に似てきたな・・・」と冗談を言われました（笑）。

しかし、どのような分野であっても、**「弟子」が「師匠」から真剣に何かを学ぼう、何かを掴もうと思うならば、必ず、多かれ少なかれ、この「似てくる」という段階を通過し**

ます。そして、これは「営業プロフェッショナル」の世界だけでなく、どのプロフェッショナルの世界も、全く同じです。

――なるほど・・・。そう言えば、私が関わっている出版業界でも、弟子が師匠に「似てくる」という意味で、面白いエピソードがあります。

昔、ある出版社で、カリスマ的な編集長の下で、若い編集者やデザイナーたちが働いていたのですが、なぜか、みな、その編集長と同じように、ぼつぼつと喋るようになり、喋り方が、そのカリスマ編集長に似てきたそうです（笑）。

しかし、優れた師匠に「似てくる」ということは、決して悪いことではないと思いますが、ただ「似てくる」だけでは寂しいような気がするのですが・・・。それでは、単に、**優れた師匠の「ミニ・コピー」になってしまうだけ**ではないのでしょうか・・・？

田坂　その通りですね。**ただ師匠に「似てくる」だけでは、本当の「人格の開花」や「才能の開花」とは呼べません。**だから、先ほど、私は、「**『似てくる』という段階を通過する**」と申し上げたのです。つまり、「似てくる段階」の先の段階があるのです。

――それは、どのような段階でしょうか？

「自分の個性」に突き抜ける時代

田坂　**「個性に突き抜ける」という段階**がやってきます。

――「個性に突き抜ける」・・・ですか？

田坂　そうです。一流のプロフェッショナルなど、優れた師匠と出会い、その師匠から「技術」や「心得」、さらには「人格」を学んでいくと、当初は、その学んでいる「技術」「心得」「人格」が前に出ますので、師匠に「似てくる」のですが、いずれ、師匠から学んだ**「人格」が、自分の他の「人格」と影響を与え合い、ときに融合し、自分らしい個性的な「人格」になっていきます。**

例えば、先ほどの「営業プロフェッショナル」の例で言えば、「明るい人格」だけで仕事をしていた営業担当者が、師匠から「細やかな人格」の大切さを学び、その「人格」を学んでいくと、当初は、師匠から学んだ「細やかな人格」が前に出るため、「師匠に似てくる」ということが起こりますが、そのうち、本来持っていた「明るい人格」と影響を与え合い、融合することによって、**「自分らしい個性的な人格」に突き抜けていきます。**

――なるほど・・・。それが「個性に突き抜ける」という意味ですか・・・。

田坂　そうです。**子供の成長のプロセス**においては、「個性」とは、「**枠に嵌《は》めないで、自由に思考し、行動させる**」ことによって育つと、しばしば言われますが、**プロフェッショナルの成長のプロセス**においては、**「個性」とは、「強大な個性」との格闘を通じて磨き出されていくもの**なのです。そして、その「強大な個性」とは、「優れた師匠」の示す「強烈な人格」という形で目の前に立ち塞がることも多いのです。

――「本当の個性」とは、そうやって磨き出されていくものだと・・・？

田坂　そうです。実際、世の中で活躍している一流の個性的なプロフェッショナルに聞くと、分野を問わず、**若い時代に、「強大な個性」「強烈な人格」の師匠との精神的な格闘を経験しています。**多くのプロフェッショナルが、過去を回想し、「あの師匠は、強烈だったな」「あの師匠には、大きな影響を受けたな」という言葉を、懐かしそうに、ときに感謝の思いを込めて、語りますね。

世の中で語られる「枠に嵌めないで、自由に思考し、行動させる」という教育法で育つのは、子供時代や青少年時代の「個性」であり、**一流のプロフェッショナルの「磨き出された個性」**は、そうした教育法だけでは、決して育たないのですね。

――なるほど、師匠に「似てくる」という段階を、そういう視点で捉えることが必要なのですね。たしかに、世の中を見渡すと、「強大な個性」や「強烈な人格」を持った「カリスマ的な師匠」の下から、優れた人材が、何人も生まれていることも事実ですね・・・。

さて、ここまで、「深層人格」を開花させる第一の技法として、「**優れたプロフェッショナルを『師匠』として、その『師匠』から『人格』を学ぶ**」という技法について教えて頂きましたが、では、第二の技法とは、どのような技法でしょうか？

田坂 第二は、

自分の中の「隠れた人格」が開花する仕事を選ぶ

という技法です。

――「**『隠れた人格』が開花する仕事**」というものがあるのですか？ それは、どのような仕事でしょうか？

田坂 端的に言えば、「**苦手な仕事**」です。

――「苦手な仕事」ですか・・・。

田坂 ええ、言葉を替えれば、「**自分の性格に向いていない**」**と思う仕事**です。

「苦手な仕事」で開花する人格と才能

――なぜ、「自分の性格に向いていない仕事」によって「隠れた人格」が引き出されるのでしょうか？

田坂　それは、ある意味で、当然のことですね（笑）。

そもそも、「自分の性格に向いている仕事」とは、これまで自分が「表に出してきた人格」に向いている仕事という意味です。

一方、「自分の性格に向いていない仕事」とは、これまで自分が「あまり表に出してこなかった人格」を活用しなければならない仕事を意味しています。

従って、「苦手な仕事」、**すなわち「自分の性格に向いていない仕事」に取り組むことは、必然的に、自分の中の「隠れた人格」を開花させる**ことになるのですね。

――もう少し、具体的に・・・（笑）。

田坂　例えば、営業で活躍している人で、「自分の性格は、明るい性格なので、営業には向いているのですが、あまり緻密な性格ではないので、経理のような仕事には向いていません」といったことを述べる人がいます。もし、この人が、何かの事情で経理に配属になったら、否応なく、その「緻密な性格や人格」を自分の中に育て、表に出さなければならなくなるのですね。

――うーん、それは理屈では分かるのですが、やはり「苦手な仕事」や「自分の性格に向いていない仕事」に取り組むのは、誰にとっても苦痛ですよね・・・。

田坂　たしかに、それは誰にとっても苦痛ですので、**我々は、意識的にも、無意識にも、「自分の性格に向いている」と思う仕事に取り組もうとする**のですね。

ただ、人生において、自分の中の可能性を開花させ、一つの職業的な世界で成功した人を見ていると、分野を問わず、必ずと言って良いほど、その人生において、「**苦手な仕事」に向き合わざるを得ない経験**をされているのです。

例えば、先ほど紹介した、「辣腕の経営者」「天性の社交家」「敬虔な信仰者」といった様々な人格を持ち、多彩な才能を示された経営者の方は、経歴は、大学で理学博士を取られて入社され、中央研究所に配属になった方だったのですが、「僕は、若い頃は、中央研究所で研究者人生を送るのが夢だったよ・・・」と述懐されていました。しかし、会社の方針で、ある事業部の立ち上げの仕事に配属になり、本社に行くことになったとき、「僕は、それが嫌で、中央研究所の柱にしがみついてでも、離れたくないと思ったよ・・・」と、笑いながら述懐されていました（笑）。

――しかし、その方は、結局、経営者としての可能性が開花し、社長、会長にまでなられたのですね・・・？

田坂　そうです。この方は、「自分の性格には向いていない」と思う仕事に配属になったことが、人生の大きな転機になったのですね。そして、世の中を見渡すと、そういう形で、**自分の意図に反して「苦手」と思う仕事に取り組むことになった結果、「隠れた人格」が引き出され、「隠れた才能」が開花した経営者**は、実に多いのですね。

――たしかに、優れた経営者の経歴を伺っていると、そうした経験をされている方は、多いですね・・・。

「不遇の時代」という絶好機

田坂　いや、さらに言えば、優れた経営者の方で、その人生において「苦手の仕事」どころか、**「不遇の時代」**を経験されている方も少なくないですね。

――中堅幹部の時代に、何かの事情で「左遷」され、主流ではない子会社に出された例などですね・・・。たしかに、有名な経営者の方で、そういう「不遇の時代」を語る方も珍しくないですね・・・。

田坂　そうです。しかし、こうした経営者の方は、その「不遇の時代」を、決して、ただ「我慢」し、「耐えて」いたわけではないのですね。その**「不遇と思われる環境」にお**いても、**「希望していなかった仕事」においても、その仕事に前向きに取り組む**ことによって、結果として、自分の中の「隠れた人格」を引き出し、「隠れた才能」を開花させていたのですね。

――なるほど・・・。

田坂　だから、「苦手」と思う仕事も、「不遇」と思う時代も、捉え方によっては、それまで**自分の中に眠っていた「人格と才能」を開花させる、絶好機**なのです。

そして、人間とは不思議なもので、そうした**「前向き」な気持ちで取り組んでいると、実は、どのような仕事も「面白く」なってくる**のですね。

――たしかに・・・。以前、あるインタビューで、「どんな仕事も、気を入れてやれば面白くなるのです」と言っていた経営者がいましたが、まさに、そのことを指摘しているのでしょうね。

田坂　そうですね。だから、先ほど、「苦手な仕事に取り組むのは、誰にとっても苦痛ですね」と申し上げましたが、実は、**「苦手な仕事」が与えられたとき、それを「苦痛」と思うかどうか・・・。そこが分かれ道**なのです。

イチローの「苦手の投手」

そして、これは、経営やビジネスの世界だけの話ではありません。
例えば、大リーグのイチロー選手が、かつて、名言を残していますね。

――イチロー選手ですか・・・？

田坂　そうです。彼が、二〇〇四年に「年間安打二六二本」の史上最高記録を達成する前の年のことですが、アスレチックスのハドソンという投手に、何試合も抑え込まれたのですね。
そのとき、あるインタビュアーがイチロー選手に聞いたのです。

「イチローさん、あのアスレチックスのハドソン投手は、
できれば対戦をしたくない『苦手のピッチャー』ですか？」

この質問に対して、イチロー選手は、こう答えたのです。

「いいえ、彼は、私というバッターの可能性を引き出してくれる素晴らしいピッチャーです。
だから、私も練習をして、彼の可能性を引き出せる素晴らしいバッターになりたいですね」

――なるほど・・・、さすがイチロー選手ですね・・・。

田坂　そうですね。この話は「多重人格」の話ではありませんが、「苦手の仕事」をどう考えるかという意味では、示唆に富んだ話です。
すなわち、「苦手の相手」や「苦手の仕事」を、ただ「避けたい」と思ってしまうか、

「自分の可能性を引き出してくれる素晴らしい機会」と思うかが、分かれ道なのですね。

実は、「苦手」と思う仕事も、「不遇」と思う時代も、自分の中に隠れている「人格と才能」を開花させる絶好機なのです。


――なるほど・・・、絶好機ですか・・・。この話は、かなり納得という感じなのですが、それでも敢えて伺います。

では、世の中にある**「職業適性検査」**といったものは、何なのでしょうか？　「あなたの性格は、これこれであり、こうした職業に向いています」といった検査です。こうした「適性検査」というものは、世の中に、かなり広がっていますが・・・。

「適性検査」の落し穴

田坂　第二話の「性格診断」の話でも申し上げたように、「職業適性検査」が調べるのは、我々が、日常、仕事や生活で示している**「表の性格」**や**「表の人格」**の**「職業適性」**です。
そのかぎりにおいて、「適性検査」の結果は、ある意味で、正しいアドバイスであることも少なくないのですが、問題は、それが「隠れた性格」や「隠れた人格」を含めて、その人の「可能性」を開花させるという視点のものではないことです。

例えば、先ほどの「営業で活躍している人」の例で言えば、「職業適性検査」は、「あなたの性格は、明るい性格であり、外交的な性格なので、営業に向いています」とは教えてくれますが、「あなたの中の緻密な性格や几帳面な性格は、まだ隠れた性格ですが、経理のような仕事に積極的に取り組めば、そうした性格が表に出てきて、あなたの可能性が広がります」とは教えてくれないのです(笑)。

――たしかに・・・(笑)。

田坂　そして、「適性検査」というものには、隠れた落し穴があります。

「自己限定の深層意識」を生み出してしまうという落し穴です。

――その意味は?

田坂　例えば、この「営業で活躍している人」の先ほどの言葉、「自分の性格は、明るい性格なので、営業には向いているのですが、あまり緻密な性格ではないので、経理のような仕事には向いていません」が、それを象徴しています。

なぜなら、この言葉には、「自分は、明るい性格なので、営業に向いている」という**肯定的な意識**と同時に、「自分は、緻密な性格ではないので、経理には向いていない」という**否定的な意識や自己限定の意識**があるからです。

同様に、「適性検査」において、例えば、「あなたは論理思考に向いている性格です」「従って、あなたは、アナリストのような職業に向いています」という結果が出たとき、我々の中に「自分の性格は、感覚表現には向いていない」「従って、自分は、デザイナーのような職業には向いていない」という「**自己限定の深層意識**」が生まれてしまうのです。

――　それは、第二話の「技術屋と事務屋」のエピソードでも指摘されたことですね。「私は技術屋ですから」という肯定的な意識の奥に、「私は事務屋ではないから」という否定的な意識が生まれてくるという怖さですね・・・。

田坂　そうです。もちろん、こうした「適性検査」には、それなりの意味も意義もあるのですが、その評価だけを表面的に真に受けてしまうことの「落し穴」や「怖さ」には気がついておくべきでしょう。

「適材適所」という言葉の怖さ

田坂　この「**職業適性**」という言葉と同様、「**適材適所**」や「**長所を伸ばす**」といった言葉も、本来、温かい人間観に基づく前向きで素晴らしい言葉なのですが、その理解や使い方を誤ると、部下の心の中に、「自分は、この場所では、適材ではない」や「これは、自分の短所だ」という裏返しの「否定的な意識」を植え付けてしまい、結果として、その「隠れた可能性」を引き出すことができないマネジメントに陥ってしまうこともあるのです。

――　たしかに、そういう視点から見ると、「適材適所」や「長所を伸ばす」という言葉も、ある意味で、怖い言葉ですね・・・。

田坂　同様に、「**自分に向いている仕事**」**という言葉**も、怖い言葉なのですね。

特に、若い方がこの言葉を使うとき、「自分に向いている仕事」という言葉の奥に「現在の自分でも、苦労しないで楽にできる仕事」を求める気持ちが忍び込んでいる可能性があるのです。そして、その深層意識が、折角の素晴らしい可能性を開花させずに終わらせてしまうのです。

だから、失敗も許される若い時代は、「**自分に向いていないと思う仕事**」**に敢えて取り組むことも、**「**人格と才能の開花**」のための、**一つの優れた技法**なのですね。

――なるほど・・・。たしかに、**我々は、油断をすると**「**自分に向いている仕事**」**に安住する**傾向がありますね・・・。

田坂　そうですね。だから、日本には、「**若い頃の苦労は、買ってでも、せよ**」という格言があるのです。この言葉は、まさに「人格と才能の開花」という意味でも至言なのです。

ただし、私自身、若い頃に、その言葉を聞かされると、あまり納得できなかったのも事実なのですが・・・(笑)。

――なるほど、先生でも、若い頃は、そうでしたか・・・(笑)。

さて、ここまでは、「深層人格」の開花の技法として、「**自分の中の『隠れた人格』が開花する仕事を選ぶ**」という技法について伺いましたが、では、第三の技法とは、どのような技法でしょうか?

田坂　第三は、

「日常とは違う場」で表れる「日常とは違う人格」を体験する

という技法です。

――なぜ、「日常とは違う場」なのでしょうか?

田坂　**「日常の仕事と生活の場」**は、しばしば、**行動が単調であり、人間関係が固定化しており、場の文化が均質**だからです。そして、そうした「場」では、自分の中の幾つかの「表層人格」しか表に出てこない傾向があり、「深層人格」のレベルの「隠れた人格」は、あまり表に出てこないからです。

――「表層人格」のところでも、自分の中の「多様な人格」を自己観察することの大切さを述べられていましたね？

田坂　それは、家族や同僚、友人や恋人などとの間で表に出てくる「異なった人格」を自己観察することの大切さを語ったのですが、それらは、いずれも、まだ**「表層人格」のレベルの人格**です。そうした**日常的な人間関係の中にいるかぎり、「深層人格」は、なかなか表に出てきません。**

――それが、「日常とは違う場」を経験することの重要性ですね？

田坂　そうです。ただ、言葉を正しく使えば、**「経験する」のではなく「体験する」**のです。

――「経験」と「体験」は、違うのですか？

田坂　違います。「経験」は、一日、生活や仕事をしていれば、誰でも、何かの「経験」はしています。しかし、その**「経験」を、心の中で振り返り、深く見つめ、そこで何を学んだかを反省すると、**それは**「体験」**と呼ぶべきものに深まっていきます。

――なるほど、ただ「経験」するのではなく、「体験」するのですね？

「日常とは違う人格」を体験する

田坂　そうです。そして、もう一つ大切なことがあります。

正確に言えば、「体験」するのは、**その「場」を体験するのではなく、自分の中の「人格」を体験する**のです。

――「人格」を体験するのですか？

田坂　そうです。ある「**日常とは違った場**」において表れてくる、自分の中の「**日常とは違う人格**」に気がつき、静かに、そして、深く、見つめるのです。

――静かに、そして、深く見つめる・・・ですか？　それは、一体、「誰」が見つめるのでしょうか？

田坂　極めて大切な質問ですね。それが、この第三話の冒頭で述べた「出番」を作る「もう一つの人格」であり、第一話で述べた「**自分を見つめている自分**」と呼ぶべき「**もう一つの人格**」です。

――「自分を見つめている自分」ですか・・・。

田坂　そうです。その「もう一つの人格」です。なぜなら、この技法の最も重要な点は、**「日常とは違う場」において「日常とは違う人格」が現れてくることだけでなく、その人格を見つめている、「もう一つの人格」が現れてくる**ことだからです。

――それは、第一話で話されていた、「熟練の役者」は、「演じている自分、それを観ている自分、そして、その二人を、少し離れたところから見つめている自分がいる」という話とつながっていますね？

田坂　そうです。その「自分を見つめている自分」と呼ぶべき「もう一つの人格」が現れてくることが、「多重人格のマネジメント」においては、極めて重要なのです。いや、それは、**「才能の開花」**という次元を超えて、**「人間性の開花」**と言えるほど、重要なことなのです。

――「人間性の開花」・・・ですか？

「成熟」を感じさせる人物とは

田坂　例えば、世の中には、**人間としての「深み」や「成熟」を感じさせる人物**がいます。こうした人物は、例外なく、その人生において「日常とは違った様々な体験」を持っています。では、なぜ、「日常とは違った様々な体験」を持つ人が、「深み」や「成熟」を感じさせるのか？

その理由は、この人物が、それらの体験を通じて、自分の中の「日常とは違った様々な人格」を体験し、**自分の中にある「多様な人格」を深く理解している**からです。

そして、さらに重要なことは、それらの「様々な体験」を通じて、**自分の中の「多様な人格」を静かに見つめる「もう一つの人格」**、すなわち、「**静かな観察者**」と呼ぶべき人格が、心の中に生まれてきているからです。

人間の「深み」や「成熟」とは、その「静かな観察者」が心の中にいることでもあるのです。

――「静かな観察者」ですか・・・。

その「静かな観察者」がいることが、「深み」や「成熟」である・・・。

うーん、まだ、うまく掴めないのですが・・・。

田坂　では、もっと分かりやすく申し上げましょう（笑）。

世の中では、人間的に未成熟な人物を評して、こうした表現を使うときがあります。

「彼は、自分が見えていないな・・・」

「彼女は、自分が見えなくなっている・・・」

こうした言葉の深い意味は、彼もしくは彼女が、表に出ている「一つの人格」に巻き込まれてしまって、その「人格」を冷静に見つめることができなくなっていることを指しているのであり、「**自分**」**を見つめる**「**もう一人の自分**」**がいない**ことを指しているのです。

――だから、「**自分が見えていない**」・・・。これは、耳の痛い言葉であり、怖い言葉ですね・・・。

心の中に育てるべき「静かな観察者」

田坂　そうですね。ただ、人間は完璧な存在ではありませんので、「静かな観察者」が自身の中にいる人でも、「自分が見えていない」という状態に陥ることはあるのです。

しかし、**体験と修業を重ねた人物は、一時、その状態に陥っても、すぐに「静かな観察者」が現れ、「自分が見えている」状態に戻れる**のですね。

――なるほど・・・。では、**ある人物の心の奥深くに、その「静かな観察者」がいるか、**いないか、ということは、外から見て分かるのでしょうか？

田坂　残念ながら、こちらに、それなりの「**人間的力量**」が無ければ、それは分からないと思います。ただ、もし、ある程度の力量があれば、ある人物の心の奥に「静かな観察者」がいるかどうかは、その雰囲気で分かります。

――それは、どのような雰囲気でしょうか?

田坂　**「静寂感」**です・・・。ある人物の心の奥深くに「静かな観察者」がいると、その人物は、自然に、不思議な「静寂感」を醸し出します。

――「静寂感」ですか・・・。

田坂　そうです。ちなみに、その「静寂感」とは、この日本では、**「香り」**と呼ばれてきたものですね。これは、昔から、「あの人は、『香り』のある人物だ・・・」といった表現で使われてきた言葉ですが、残念ながら、最近では、そうした人物が少なくなったせいか、あまり使われることがなくなりました・・・。

――なるほど・・・、**「香り」のある人物とは、「静寂感」のある人物を評する言葉**でもあるのですね・・・。そして、それは、心の中に「静かな観察者」がいる人物であり、「自分が見えている」人物でもあると・・・。

田坂　そうですね。この「静かな観察者」が心の中にいる人は、不思議なことに、騒いでいても、何かの「静けさ」を感じるのです。逆に、黙っていても、その心から「騒がしさ」を感じる人もいますが・・・。

この「人間性の開花」については、また、最後に、詳しく話しましょう。

――こう伺っていると、この「多重人格のマネジメント」は、奥が深いですね・・・。

では、話を元に戻して、「**日常とは違う場**」**で表れる**「**日常とは違う人格**」**を体験する技法**として、具体的に、どのような技法があるでしょうか？

「匿名」の自己表現に現れる「別人格」

田坂　そうですね。その技法としては、旅行や趣味やスポーツや賭け事など、色々なものが考えられますが、ここでは、少しリスクのある技法ですが、敢えて、「**ネットの世界で**『**匿名**』**での自己表現をする**」という技法を申し上げたいと思います。

――うーん、ネットの世界・・・？　それは、なぜでしょうか？
ネットの世界では、「日常とは違う場」に、容易に参加できるからでしょうか？

田坂　たしかに、ネットを通じて、我々は、様々な「コミュニティ」に容易に参加することができます。家庭の生活や会社の仕事を離れ、趣味のコミュニティや社会貢献のコミュニティ、さらには、様々な自己表現のコミュニティに参加できます。そして、ときに、その「日常とは違うコミュニティ」「日常とは違う場」において、「日常とは違う自分」が現れてくることもあるでしょう。

しかし、私が、ここで、敢えて「ネットの世界で『匿名』での自己表現」を勧めるのは、明確な理由があります。

――その理由とは？

田坂　ネットの世界で「匿名」で自己表現をするとき、誰でも、「隠れた人格」が表に出てくる傾向が強くなるからです。

――「隠れた人格」が表に出てくる・・・。

田坂　このことは、米国の**MIT教授のシェリー・タークル**なども、『**接続された心**』といった著作で指摘していることですが、例えば、「匿名のネット・コミュニティ」では、我々の中から、普段は隠れている「別人格」が現れてくる傾向が強くなるのです。

なぜなら、**「匿名のネット・コミュニティ」では、「匿名」であるがゆえに、実際の人間関係のしがらみから解放され、自分の責任を問われず、自由に発言し、自分を表現できる**からです。そして、そうした立場に立つと、誰もが、多かれ少なかれ、自分の心の奥の「深層人格」が表に出てくるのです。

――いわゆる「**ネット人格**」と呼ばれるものですね。それは、よく分かりますが、ただ、「匿名のネット・コミュニティ」というのは、怖いですね。「匿名」であるがゆえに、無責任に発言したり、他人を傷つけるようなメッセージを発したり、虚偽の情報を流したり、危うい点も、多々あると思いますが・・・。

田坂　だから、先ほど、「少しリスクのある技法ですが」と申し上げたのですね（笑）。
ただ、他人を傷つけたり、法律に触れたり、社会倫理に反したりすることを慎重に避けながら、という前提で申し上げますが、ネットの世界で「匿名」で自己表現をすることは、たしかに、自分の中の「隠れた人格」が表に出てくる、一つの技法になるのですね。

――　では、具体的には、どのような自己表現の方法があるでしょうか？

「隠れている人格」の意外性

田坂　これも、色々な方法がありますが、例えば、**「匿名やペンネームのブログ」で、自作の「詩」を発表すること**なども、一つの方法です。

――　なぜ、「詩」なのでしょうか・・・？

田坂　**「詩」**というのは、「理屈」で書くものではないからです。自分の中の**「感性」**や

「感覚」に従って書くものなので、「論文」や「評論」を書くことに比べれば、自分の中の「隠れた人格」が表に出やすくなるからです。

また、「詩」を書くという行為は、普通のビジネスパーソンは、日常ではあまり行わない行為なので、「日常とは違う自分」が表に出てくる可能性が高いのです。

従って、「匿名やペンネームのブログ」などで、「詩」のような形で自己表現をすると、現実の仕事や生活の中では表に出していない「隠れた人格」が現れ、会社の同僚や知人が見たら驚くような「内省的な詩」や「抒情的な詩」を書くこともあるでしょう。

――会社の同僚が見たら驚くような「内省的な詩」や「抒情的な詩」ですか・・・。我々の中に、そんな人格が隠れているのでしょうか・・・？

田坂　**一人の人間の中に、どのような人格が隠れているかは、意外に、分からない**のですね。少し脱線しますが、イギリス映画に『**日の名残り**』という作品がありますね。俳優、アンソニー・ホプキンスと女優、エマ・トンプソンの名演で、アカデミー賞の主演男優賞と主演女優賞にノミネートされた名作です。

この中で、ホプキンス扮する英国屋敷の厳格な執事スティーブンスが、トンプソン扮する女中頭ケントンに、自室で読んでいる本を見られるシーンがありますね。それが何と、安っぽい恋愛小説なのですね。執事スティーブンスは、それを見られたことを恥じるのですが、このシーンは、**人間の中に隠れている様々な人格の「意外性」**について、改めて教えてくれますね。

―― 厳格な執事の心の奥にあった「情熱的な恋愛物語に惹かれるもう一人の自分」ですね・・・。それは、英国のブッカー賞を受賞した、カズオ・イシグロの小説を原作とした映画ですね・・・。たしかに、あの人物描写には、ある種のリアリティがありましたね・・・。その意味で、**我々の中には、たしかに、「意外な人格」が潜んでいる**のでしょうね・・・。

他には、どのような自己表現の方法があるでしょうか？

田坂　ネットの世界での「匿名」での自己表現の、もう一つの例として、日常生活や旅行などで目にした**「なぜか惹かれる光景」を写真に撮って、ブログなどに載せる**方法があります。これも、自分の中の「隠れた人格」を発見する技法になることがありますね。

――「なぜか惹かれる光景」ですか・・・。なぜ、それが「隠れた人格」と結びつくのでしょうか？

田坂　「なぜか惹かれる」という感覚は、実は、心の奥深くの「深層人格の声」であることが多いのですね。従って、日常生活や旅行において、「なぜか惹かれる」と感じた風景や人や物を写真に撮り、ブログなどに載せていくことは、自分の中の「隠れた人格」の発見になることがあるのですね。

ただ、こうした詩や写真などの自己表現も、「実名」での表現になると、**人間関係に対する配慮や世間体への懸念など、「雑念」が混入してくるので、「隠れた人格」が現れにくくなってしまいます。**

――その意味は、よく分かります。「雑念」が混入してきますね・・・。だから、実名でのブログでは、自分を飾っている場合が少なくないですね・・・。

将来の進路を予感した「なぜか心に残る」感覚

田坂　そうですね。ところで、また少し脱線しますが、この「なぜか惹かれる」や「なぜか心に残る」という感覚は、職業人生において、自分の将来の進路を暗示しているときがあるのですね。

実は、私自身、その経験があります。

ご承知のように、私は、大学院を終えた後、「研究者の世界」から「営業の世界」に投げ込まれたわけですが、七年遅れのランナーが、「ビジネスを学ばなければ」との思いで書店に行ったとき、書棚に並ぶ無数の書籍のタイトルや帯の言葉の中で、なぜか心に残った言葉は、「ビジネス」でも「営業」でも「企画」でもなかったのですね。

——　何だったのでしょうか？

田坂　不思議なことに、「ビジネス」の世界に足を踏み入れたばかりの「研究者上がり」の若者の心に残ったのは、「**戦略参謀**」という言葉だったのですね。

ご承知のように、私が、様々な経営者の「戦略参謀」としての道を歩んだのは、それから二〇年近く後のことですが、私の中の「深層人格」は、すでに、当時、自分の将来の進路を予感していたのかもしれませんね・・・(笑)。

――なるほど、色々と考えさせられる深い話ですね・・・。

さて、話を戻しますが、先生は、ネットの世界で「匿名」で自己表現をするということは、現実社会の人間関係のしがらみの中で**「隠れている人格」を解放する**には、良い方法だということを言われているのですね・・・。

深層人格の「解放」ではなく「観察」

田坂　いえ、そうではありません。ネットの世界で「匿名」で自己表現をすることは、**「隠れている人格」を「解放」するのに良い方法なのではなく、「観察」するのに良い方法だと申し上げているのです。**

――「深層人格」を「解放」するのではなく、「観察」するのに良い方法ですか？

田坂　そうです。ネットの世界で「匿名」で自己表現をすることは、「隠れている人格」を「解放」するためにも大切ですが、それ以上に大切なことは、その「深層人格」を、少し離れた立場から「観察」することなのですね。

――なぜでしょうか？

田坂　実は「多重人格のマネジメント」において重要なのは、先ほど述べた「静かな観察者」だからです。その**「静かな観察者」の存在があるから、場面や状況に合わせて「複数の人格」の中から適切な人格を選び、前に出していける**のですね。

――その「静かな観察者」がいるから、「多重人格のマネジメント」がうまくいくのですか・・・？

田坂　そうですね。少し誤解が生まれる比喩になるかもしれませんが、先ほど述べたように、この「**静かな観察者**」とは、丁度、色々な個性の俳優がいる舞台の袖で、静かに劇の進行を眺め、どの場面で、どの俳優が前に出て演技をするべきかを、そっと指示する「舞台監督」のような存在であるとも言えます。

――「**舞台監督**」ですか・・・。先ほど、「演じる」と「育てる」の話で使われていた比喩ですね。

田坂　そうですね。「静かな舞台監督」とも言えますね。すなわち、ネットの世界での「匿名」での自己表現においては、普段は隠れている「様々な人格」が現れることも大切なのですが、さらに**大切なのは、それを醒めて見ている「静かな観察者」が現れ、育ってくること**なのです。それが無ければ、「匿名での自己表現」は、隠れていた「様々な人格」が勝手に現れ、勝手に発言し、勝手に消えていくだけの現象にすぎないのですね。

――その「醒めて見ている」とは、どのような意味なのでしょうか？

「醒めて見ている」ことの意味

田坂　とても大切な質問です。**「醒めて見ている」とは、自分の中に現れてくる「様々な人格」を、抑えもせず、煽りもせず、否定もせず、肯定もせず、ただ、静かに見ているという意味です。**逆に、心の中で、「ああ、こうした人格が出てはいけない」といった否定的な気持ちが動くと、その「深層人格」を、心の奥に抑え込んでしまいます。

――なるほど、抑えもせず、煽りもせず、否定もせず、肯定もせず、ただ、静かに見ている・・・ですか・・・。

田坂　そうです。先ほど述べた比喩で言えば、「静かな観察者」という「舞台監督」は、色々な個性の俳優の、誰にも肩入れせず、遠ざけず、その場面で、どの俳優が、どう処するかを、ただ静かに判断し、示唆していく存在なのですね。

そして、この「静かな観察者」が、心の中に現れ、育っていくことは、**「才能の開花」だけでなく、「人間性の開花」という点でも、とても大切な意味を持っているのです。**

――「人間性の開花」にとって、大切な意味を持っているのですか・・・？

田坂　そうです。なぜなら、この「**静かな観察者**」**が心の中に生まれてくると、自分の「エゴ」が見えるようになってくる**からです。

――自分の「エゴ」が見えるようになってくる・・・ですか？　その意味は？

田坂　その話は、最後に詳しく述べますので、もうしばらくこの話を進めましょう（笑）。

――分かりました。でも、その話、気になりますね・・・（笑）。

では、ここまで、「**深層人格**」**を開花させる**「**三つの技法**」を教えて頂きました。これで、「表層人格」と「深層人格」については、それを開花させる技法を語って頂いたのですが、三番目の「抑圧人格」については、それを開花させる技法は、あるのでしょうか？

「抑圧人格」が生まれてくる原因

田坂　残念ながら、「抑圧人格」を表に出し、開花させる容易な方法はありません。もともと**「抑圧人格」とは、何かの理由で、強く抑圧し、心の奥深くに押し込んでしまっている人格**なので、通常の技法では、それを表に出すことはできないのですね。

もし、それを行いたいと思うならば、**心理療法に基づく「カウンセリング」や「セラピー」などの技法**を用いる必要があります。

従って、この「抑圧人格」を開花させる技法について述べることは、別な機会に譲りたいと思いますが、ここでは、我々が、**なぜ、自分の中にある「特定の人格」を抑圧してしまうのか**について、述べておきたいと思います。

――その原因は、何でしょうか？

なぜ「特定の人格」を抑圧してしまうのか

田坂　ここでは、大きく、三**つの原因**を述べておきましょう。

第一は、その人格が、「**社会的な倫理や禁忌**」に触れると思われる場合です。分かりやすい例が、「同性愛を好む人格」です。最近では、こうした人格に対する社会的な禁忌は弱くなっていますが、かつては、こうした人格は、「・・・してはならない」という表層意識によって強く抑圧されてきました。

――従って、同性愛者であることを公に告白し、カミングアウトする人は、その「抑圧」を解いたということですね・・・。

田坂　そうですね・・・。そして、第二は、「**過去の経験のトラウマ**（**心的外傷**）」です。過去に、ひどい恥辱や深い喪失など、「思い出したくないほどの痛苦な経験」がある場合、「その経験に付随する人格」を無意識に抑圧してしまいます。

――たしかに、誰にも、思い出すと、その恥ずかしさで、思わず叫びだしたくなるような経験がありますね・・・。

田坂　特に、若い頃は、そうした「**自己嫌悪**」になってしまうような経験は、誰もが持っているのではないでしょうか。しかし、「特定の人格」に対する抑圧が起こる原因として、その逆もあります。すなわち、第三は、「**他者に対する嫌悪**」です。

これは、例えば、過去において、誰か他人の中に見た「嫌な人格」を、自分の中にも感じるとき、それを無意識に抑圧してしまうことが起こります。厳格な父親の下で育った息子が、奔放な生き方をする、といったことは、この例に当てはまることが多いですね。

――たしかに、そうですね。その逆の例も、世の中にはありますね。奔放な生き方の母親を見て育った娘が、ことさらに真面目な性格になるといった例ですね・・・。

「他者への嫌悪」の本質は「自己嫌悪」

田坂　そうですね。従って、この第二と第三の原因となる人間の心の動きを理解すると、**人間心理についての、一つの「逆説的な真実」**に気がつきますね。

――何でしょうか？

田坂　**「他者への嫌悪の本質は、自己嫌悪である」**。その真実です。

すなわち、我々の周りに、「どうしても好きになれない人」がいるとき、なぜ、その人を好きになれないのかを深く考えていると、ふと気がつくことがあります。

「この人・・・、自分に似ている・・・」

そう気がつくときがあるのですね（笑）。

――うーん、すぐには肯定したくないですが、一面の真実ですね・・・（笑）。

田坂　「他者への嫌悪」のすべてが、この「自己嫌悪」であるとは思いませんが、**自分の中にある「好きになれない人格」を抑圧していると、他人の中にその「好きになれない人格」を見たとき、嫌悪感が増幅される**のですね。従って、「他者への嫌悪の本質は、自己嫌悪である」ということは、しばしば真実なのですね。

そして、この「逆説的な真実」に気がつくとき、世の中にある、あの言葉の深い意味が分かってくるのです。

「自分を愛せない人間は、他者を愛せない」

――なるほど・・・。その言葉は、**自分の中に「自己嫌悪」を抱えているかぎり、人を本当に好きになることはできない**、という意味でもあるのですね・・・。

田坂　そうですね。そのようにも解釈できる言葉ですね。

さて、ここまで、「表層人格」「深層人格」「抑圧人格」という三つのレベルの「隠れた人格」を開花させ、「隠れた才能」を開花させていく技法について述べてきましたが、この「隠れた人格と才能」を開花させる技法を実践するとき、これらに並行して、さらに二つ、実践するべき技法があるのです。

――それは何でしょうか？

田坂　**「豊かな人間像と人間性」を開花させる技法**です。

そのことについて、次の第四話で話しましょう。

第四話　「豊かな人間像と人間性」を開花させる技法

――第三話の最後に、田坂先生は、「**豊かな人間像と人間性」を開花させる技法**を実践するべきと言われましたが、まず、「豊かな人間像」を開花させる技法とは何でしょうか？　そもそも、なぜ、我々に、「豊かな人間像」が求められるのでしょうか？

「豊かな人間像」を開花させる技法

田坂　その理由は明確です。そもそも、自分の中に「多様な人格」を育てたいと思うのであれば、自分の中に「多様な人間像」を持っているかが問われます。「豊かな人間像」を持っているかが問われます。

自分の中に**「貧しい人間像」**しか持たなければ、「多様な人格」を開花することはできません。

例えば、世の中には、しばしば、こうした言葉使いをする人がいます。

「しょせん、人間なんてものは・・・」
「しょせん、男って・・・」
「しょせん、女なんて・・・」
「しょせん、サラリーマンなんて人種は・・・」

――思わず笑ってしまいますが・・・(笑)、たしかに、そうした言葉使いをする人がいますね・・・。私も含め・・・(笑)。

「貧しい人間像」がもたらすもの

田坂　もちろん、こうした言葉使いは、それなりの知性を持った人が、敢えて、世の中に対する「警句」として使う場合もあるので、一概には言えませんが（笑）、多くの場合、こうした言葉使いの背後には、貧しい「人間像」「男性像」「女性像」「サラリーマン像」があるのですね。そして、**我々が、こうした「貧しい人間像」を持つかぎり、その人間像が心の中での「自己限定」となって、「多様な人格」の開花を妨げる**のですね。

――どうして、我々の「人間像」が貧しいものになってしまうのでしょうか？

田坂　敢えて言えば、**「世界が狭い」**からですね。

　この日本という国は、永く平和が続き、狭い島国であり、単一民族に近い国であるため、日常的な仕事と生活の世界で生きているかぎり、残念ながら、**極めて均質な「人間像」**しか学べないのですね。もちろん、職場で周りにいる人を見れば、それぞれに個性もあり、違った人間なのですが、**世界全体の人種の違い、民族の違い、国家の違い、風土の違い、歴史の違い、文化の違いから形成される、様々な「人間像」の広がりと深み**から見れば、我々は、極めて均質な「人間像」しか見ていないのですね。

――　たしかに、我々は、油断をすると、いわゆる「サラリーマン」や「ＯＬ」といった、**「似た者同士のコミュニティ」**に染まってしまい、気がつけば、極めて貧しい「人間像」しか身につけていないような気がしますね・・・。

では、どうすれば、我々は、「貧しい人間像」を脱し、「豊かな人間像」を身につけることができるのでしょうか？

田坂　本来、**最も望ましいことは、「様々な人生経験」を積むこと**ですね。若い頃に世界中を旅して、様々な人と会うことや、学生時代、様々な職種のアルバイトに従事することなど、その経験の積み方は色々ありますが、「様々な人生経験」を積むことは、「豊かな人間像」を身につけるための基本ではあります。

しかし、やはり、直接的に「人生経験」の幅を広げることは、時間的な制約や経済的な制約もあり、限界があります。

――　では、どうすればよいのでしょうか？

田坂　「教養」を身につけることです。

――「教養」ですか・・・？

田坂　そうです。言葉の真の意味での「教養」を身につけることです。

最近では、「**教養**」（**リベラル・アーツ**）という言葉が、歴史や地理、宗教や思想、文化や芸術などに関する「該博な知識」というレベルで受け止められていますが、本来、「**教養」という言葉の一つの大切な意味は、「豊かな人間像」や「深い人間観」を身につけること**にあります。その本来の意味での「教養」を身につけることです。

「教養」という言葉の真の意味

――なるほど、真の「教養」とは、「豊かな人間像」や「深い人間観」を身につけることですか・・・。では、どうすれば、その「教養」を身につけることができるのでしょうか？

田坂　かつて、その役割を担っていたのが、**「文学」**ですね。

――「文学」ですか・・・。

田坂　そうです。正確に言えば、「文学」と言っても、「推理小説」や「冒険小説」などの「娯楽文学」といったジャンルではなく、人間の生き方や心の深奥を描いた「純文学」や「古典文学」と呼ばれるジャンルの「文学」ですね。

昔から、学生に「文学を読め」と勧めたのは、その**小説の主人公の生き方や心の動きを通じて、「人間像」を広げ、「人間観」を深め、真の「教養」を身につけさせる**ためだったのですね。

――しかし、最近では、人々の「活字離れ」が進み、そうした「純文学」や「古典文学」を読む文化は失われてしまっていますが・・・。

田坂　その傾向は、否めないですね。しかし、幸いなことに、現代においては、そうした「文学」に代わるものが出てきているのです。

――「文学」に代わるもの・・・。何でしょうか？

田坂　**「映画」**ですね。

――「映画」ですか・・・。私も、映画は好きですので、それは興味あるテーマですね。

「文学」の時代から「映画」の時代へ

田坂　「活字離れ」が進んだ現代においては、**「優れた映画」を観ることが「人間像」を広げ、「人間観」を深めるための良い方法であり、真の「教養」を身につけるための優れた方法になっていきますね。**しかも、「映画」は、「文学」に比べて優れた点があります。

「文学」というものが、基本的に「文字」だけを使った「物語」の伝達であるのに対して、

「映画」は、「映像」や「画像」、「音声」や「音響」などの「マルチメディア」を使った伝達であるため、その**「物語」を高度なレベルで「疑似体験」できる**のです。

――そうですね。最近の「映画」は、「ハイビジョン」は当たり前、「三次元映像」も珍しくなくなっていますから、迫真力のある映像で、観客に「物語」を伝えることができますね。

では、「人間像」を広げ、「人間観」を深めるために、「映画」というものを、どのように観れば良いのでしょうか？

田坂　そのためには、「映画」なら、何でも良いわけではありません。やはり、最も大切なものは、「人間像」や「人間心理」をリアルに描いた**「優れた原作や脚本」、そして「優れた役者の演技」と「優れた監督の演出」の三つ**でしょう。

――「人間像」や「人間心理」をリアルに描いたという点で、例えば、どのような映画があるでしょうか？

田坂　例えば、『**ディア・ハンター**』という映画で描かれた、「**ロシアン・ルーレット**」を強要される人間の心理は、「自分が、この状況だったら・・・」と考えると、「人間像」と「人間心理」の深い学びになりますね。

この「ロシアン・ルーレット」とは、拳銃の銃弾入れに、実弾を一発だけ入れ、銃弾入れをルーレットのように回し、止まったところで、拳銃をこめかみに当て、引き金を引くという「死のゲーム」です。

――そのシーンは、名優、ロバート・デ・ニーロ扮するマイケルが、ベトナムの兵士達に銃を突き付けられ、このゲームを強要されるシーンですね。あのデ・ニーロの鬼気迫る演技には、私も、思わず、「自分が、この状況だったら・・・」と考えました。

しかし、私が、あの状況だったら、マイケルのように、凄まじい気迫で引き金を引くことはできないでしょう。クリストファー・ウォーケン扮する戦友ニックのように、引き金を引く瞬間に、手が震え、錯乱状態になってしまうのではと思いますが・・・。

田坂　たしかに、「自分が、この状況だったら」と考えるならば、私も含め、多くの人が、ニックと同様の人格が出てくると思うでしょうね。

ただ、こうした**極限の状況においては、実際に、その場になってみないと、我々の中からどのような人格が出てくるか、分からない**のです。実は、予想とは全く違う人格が出てくる可能性もあるのです・・・。

――なぜ、そう言われるのでしょうか？

「極限」で現れる不思議な人格

田坂　私自身、何十年か前に、**生死の境の極限の瞬間に、不思議な人格が現れてくること**を体験したからです。

――それは、どのような体験でしょうか？

田坂　あれは一九八一年の夏だったと思うのですが、夜、大雨の中を自動車で田舎の国道を走っていたときです。大雨のため、国道のカーブの所に、水が溜まっていたのですね。そのため、自動車がカーブに差し掛かったとき、突然、車輪が水に浮き、スピンを始めたのです。ところが、運悪く、その瞬間、カーブの向こうの対抗車線に大型トラックが現れ、私の車は、スピンをしながら、その大型トラックに向かって滑っていったのです。誰が見ても、対向車線にスピンしながら飛び込んだ自家用車が、大型トラックと正面衝突するという場面であり、私自身も、瞬間的に、その正面衝突を覚悟しました。しかし、その瞬間、不思議なことに、前方から大型トラックが向かってくるにもかかわらず、私の中から「**静かに状況を見つめる自分**」が現れ、冷静に、こう考えているのです。

「シートベルトは、している。正面衝突しても、左からぶつかられるので、車は大破するが、命は助かるだろう・・・」

なぜか、この絶体絶命の瞬間、落ち着いて、そう冷静に考えている「自分」が現れたのです。幸い、この大型トラックとは、間一髪で、衝突を免れたのですが、逆に、衝突を免れた瞬間に、「元の自分」に戻り、「ああ、危なかった・・・」と、冷や汗をかきながら状況を振り返っているのです。

――それは、不思議な体験ですね・・・。

田坂　実は、それから一〇年余り後、一九九二年に、私は、やはり生死の境の体験をするのですが、このときも、「**静かに状況を見つめる自分**」が現れ、冷静に事態を見つめているということを体験しました。実は、この「静かに状況を見つめる自分」の体験が、今回の対話において「**静かな観察者**」という人格を述べる背景にあるのですが・・・。

――なるほど、「静かな観察者」は、そうした体験から述べられているのですね・・・。

田坂　そうですね・・・。しかし、これは、決して私が特殊な人間だからではないと思います。私自身は、極めて普通の人間ですが、**誰の中にも、「予想できない人格」が隠れている**ことを申し上げたいのです。そして、この「静かな観察者」の存在は、こうした危機的な状況への対処だけでなく、我々の可能性を開花するという意味で、とても大切な意味を持っているのです。その話は、最後に、もう一度論じましょう。

さて、少し本題から外れましたが、いずれにしても、映画を観るとき、ただ、その映画の物語を楽しんだり、味わったりするのではなく、**登場人物の置かれた状況を見て、「自分が、この状況だったら」と考えることは、「人間心理」**を学ぶ一つの優れた技法であり、**「人間像」を広げ、「人間観」を深め、日常では気がついていない「別の人格」を発見する技法**になると思います。

――どうすれば、そうした「映画」の登場人物から「人間心理」や「人間像」「人間観」を学べるのでしょうか？　そこを、もう少し具体的に・・・。

「映画」から「人間像」を学ぶ技法

田坂　そのための大切な心得は、やはり、その**「映画」の登場人物に、「感情移入」して観ることですね。**

例えば、映画**『ソフィーの選択』**では、名女優、メリル・ストリープ扮するソフィーが、**ナチス・ドイツの強制収容所**において、ドイツ軍の将校から、抱えている小さな女の子と男の子のどちらかを手放せ、選ばなければ、両方とも連れて行くと迫られ、その極限の状況において、女の子を手放すという究極の選択をします。

この場面を観るとき、その主人公のソフィーに深く「感情移入」することができれば、我々は、「人間心理」や「人間像」「人間観」を学ぶだけでなく、日常では気がついていない、自分の中にある「別の人格」を発見することもあるでしょう。

――メリル・ストリープは、アカデミー賞で、三度もオスカーを手にしており、ノミネートだけなら一九回というベテラン女優ですね。「Acting Machine」と形容されるほど迫真の演技ができる名女優ですので、彼女が演じるソフィーには、つい「感情移入」してしまいますが、そもそも、この**「感情移入」とは、「共感」のこと**でしょうか？

田坂　そうですね。「感情移入」とは「共感」と呼ぶこともできます。ただし、「共感」とは、「同情」や「憐憫」とは違います。

「同情」や「憐憫」という感情には、「高みからの視点」や「相手との心の距離」が忍び込む傾向があるのですが、**「共感」とは、「相手の姿が、自分の姿のように感じられる」**

という感覚です。それが、「共感」という言葉の本当の意味です。
これは、心理学用語で言えば、相手の中に「**可能的自我**」を見ることです。すなわち、「**共感」とは、「相手が示す、そのような人格は、自分の中にもあるのではないか」という感覚**とも言えます。

――なるほど・・・。「共感」と「同情」「憐憫」は違う感情ですか・・・。「共感」とは、その登場人物に「可能的自我」を感じることなのですね・・・。
しかし、それは、**登場人物が「悪人」であった場合**にも、感情移入や共感が必要なのでしょうか？

田坂　そうですね。登場人物が「悪人」であっても、その「悪人」が「人間」としてのリアリティをもって描かれ、演じられているならば、その人物に感情移入や共感をしながら映画を観ることは、「人間」について深く学ぶ優れた技法となります。
なぜなら、演技の世界に、次のような言葉があるからです。

「悪人」を演じるときは、その人間の「善き部分」を見つめて、演じよ。
「善人」を演じるときは、その人間の「悪の部分」を見つめて、演じよ。

この言葉に象徴されるように、「悪人」と思える登場人物にも、必ず、「善き部分」があり、また、人間としての「弱さ」があります。そのことを理解するならば、「悪人」と思える登場人物にも、感情移入と共感はできます。特に、それを演じているのが、名優や名女優であるならば、必ず、その登場人物を「人間的な深み」を失うことなく演じていますので、「人間心理」や「人間像」「人間観」について、多くを学ぶことができます。逆に、単なる「アクション映画」や「スリラー映画」などでは、「悪人」が単純な「悪人」として描かれているため、リアリティがなく、あまり学ぶことがありません。

――たしかに、そうした映画では、**善人も悪人もステレオタイプ**ですね・・・。

田坂　これも、敢えて誤解を恐れずに言えば、我々の**人間としての成長と成熟のためには、**優れた映画と演技を通じて、**「悪人」の姿や心を見つめることも極めて大切**なのですね。

なぜなら、**「悪人」の示す「悪の部分」や「弱き部分」は、実は、人間であるかぎり、誰の心の中にもあるから**です。

昔から、経営の世界で語られてきた格言に、**「経営者として大成する人間は、悪いことができて、悪いことをしない人間だ」**という言葉がありますが、人間としての成長と成熟のためには、「自分は善人だ」という素朴な自己幻想を抱いて歩むのではなく、自分の中の「悪の部分」を見つめることも、大切な意味があるのですね。そして、その**「悪の部分」を知っているからこそ、それに流されない「強さ」も生まれてくる**のですね。

――なるほど、「経営者として大成する人間は、悪いことができて、悪いことをしない人間だ」ですか・・・。その言葉は、そういう深い意味を教えているのですね・・・。

田坂　そうですね。いずれにしても、映画を観るとき、**優れた「原作や脚本」「役者の演技」「監督の演出」の三つが揃った映画、登場人物の「人間」をリアルに描いた映画を選んで観る**ならば、そして、名優が演じるその**登場人物に深く「感情移入」し、「共感」し、「自分が、この状況だったら」「自分が、この登場人物だったら」**と考えながら観るならば、それは、「人間心理」を学び、「人間像」を広げ、「人間観」を深め、日常では気がついていない「別の人格」を発見する、一つの優れた技法になるでしょう。

――「映画」というものは、そのように観るのですね・・・。

さて、この対話も終わりに近づいてきました。この第四話では、ここまで「豊かな人間像」を開花させる技法について伺ってきましたが、最後に、もう一つの大切なテーマ、「豊かな人間性」を開花させる技法について、話を伺えればと思いますが。

「豊かな人間性」を開花させる技法

田坂　そうですね。この対話のテーマは、あくまでも「人格と才能の開花」の技法ですが、我々が、その技法を実践していくと、必ず、結果として「人間性の開花」が起こります。

しかし、この話は、また本が一冊書けるほど深いテーマですので、本格的に語るのは別の機会に譲るとして、ここでは、**「多重人格のマネジメント」を実践すると、なぜ、「豊かな人間性」が開花するのか、**その**「三つの理由」**を述べておきましょう。

「人間性」が開花する三つの理由

第一の理由は、**「相手を理解し、相手の気持ちが分かるようになる」**からです。

すなわち、「多重人格のマネジメント」によって、自分の中に「様々な人格」が開花していくと、他の人の「人格」を理解できるようになり、そうした人格を持った人の「気持ち」が分かるようになるからです。

例えば、自分の中に「リーダーシップ人格」が育ってくると、たとえ、上司に仕える「フォロワー」の立場にあっても、「リーダー」である上司の心の動きを感じ取り、その心理の機微を理解することができるようになります。

逆に、若い頃、上司に仕え、自分の中に「フォロワー人格」を十全に育ててきた人は、自分が経営者などの「リーダー」になったとき、「フォロワー」としての部下の気持ちを細やかに理解できる上司になります。

――たしかに、優れた経営者は、自分が部下や社員であった時代の経験から、トップになっても、部下や社員の悩みや不満、辛さや苦しさが分かりますね・・・。

田坂　そうですね。さらに言えば、優れた経営者は、自分の「リーダーシップ」が強くなりすぎると、部下や社員から、「依存」や「迎合」、「権力追随」や「面従腹背」といった心理を引き出してしまうことの怖さも、フォロワー時代の体験から、理解していますね。

さて、「多重人格のマネジメント」で「豊かな人間性」が開花する第二の理由は、**「相手の状況や心境に合わせて、適切な人格で対処できる」**からです。

すなわち、自分の中に「様々な人格」が開花し、「多重人格のマネジメント」に習熟してくると、相手の人格、相手の状況、相手の心境を、瞬時に判断し、その場で、最も適切な人格を前に出すことができるようになります。

仏教に「**対機説法**」という言葉がありますが、**相手の「機」や「機根」に応じて、話の内容を変える**という説法のやり方のことです。同様に、企業などにおいて、「人間力」のあるマネジャーや経営者を見ていると、この「対機説法」的なマネジメントをしています。

すなわち、部下や社員の状況や心境に応じて、「厳しい人格」を前に出すか、「優しい人格」を前に出すか、見事に使い分けています。そして、その「厳しさ」や「優しさ」にも、幾つものレベルを持ち、使い分けています。

しかし、実は、そうした「対機説法」的な対処ができるのは、第一の理由で述べたように、「相手を理解し、相手の気持ちが分かる」力量があるからです。従って、第一と第二、この二つの力量は、コインの裏表でもあるのです。

例えば、「部下の仕事上のミスに対して、厳しいことを言わなければと思って部下を呼んだが、顔を見た瞬間に、部下が、そのミスを深く反省している気持ちが伝わってきて、思わず、優しい声をかけた」といった例は、まさに、**この二つの力量を備えた「人間力」のあるマネジャー**の姿ですね。

――相手の気持ちが分かり、かつ、相手の気持ちに合わせて処する力量ですね・・・。では、「多重人格のマネジメント」で「豊かな人間性」が開花する、第三の理由は?

「エゴ・マネジメント」と「静かな観察者」

田坂　第三の理由は、**「多重人格のマネジメント」を実践すると、自分の中に「様々な人格」が開花するだけでなく、自然に、それらの人格を静かに見つめている「もう一つの人格」、すなわち、「静かな観察者」が生まれてくる**からです。

――その「静かな観察者」の重要性は、第三話において、何度も指摘されていましたね？　なぜ、この人格が、それほど大切なのでしょうか？

田坂　「静かな観察者」が大切な一つの理由は、すでに述べたように、自分の中に「様々な人格」が育ってきたとき、目の前の状況に合わせて最も適切な人格を前に出すために、不可欠な役割を果たすからです。

――それが、「様々な個性的俳優」に、舞台の上で、それぞれの役を演じさせる「静かな舞台監督」ですね・・・。たしかに、「人格と才能の開花」という点では、そうした「静かな観察者」の役割は不可欠と思いますが、では、「人間性の開花」という点で、この「静かな観察者」は、なぜ、重要なのでしょうか？

田坂　**「エゴ・マネジメント」**のためです。

――「エゴ・マネジメント」・・・、それは、どのような意味でしょうか？

田坂　ご承知のように、「エゴ」とは、我々の心の中の「**自我**」のことですが、我々が、自らの**「人間性」を高めていこうと思うならば、自分の心の中の「エゴ」を適切にマネジメントする必要がある**のです。なぜなら、我々が、相手を傷つけたり、人間関係を壊してしまうのは、ほとんどの場合、この「エゴ」の動きが原因となるからです。

例えば、見栄、虚栄心、不信感、猜疑心《さいぎしん》、嫌悪感、憎悪、不満、恨み、妬《ねた》み、嫉《そね》み、軽蔑、敵意といった「否定的な感情」は、すべて、心の中の「エゴ」が生み出しているものです。

――たしかに、そうだと思いますが、だから、人間は、そうした「エゴ」を抑え、捨て去るために、様々な宗教的修行をしているのではないでしょうか？

田坂　その通りです。永い歴史の中で、多くの人々が、自分の心の中の「エゴ」に苦しめられ、また、人を苦しめる行為に駆り立てられてきたことは事実です。それゆえ、多くの人々が、この「エゴ」を抑え、捨て去ろうと、様々な努力をしてきました。

しかし、実は、**我々は、心の中の「エゴ」を捨て去ることはできない**のですね。

我々が、本当に「エゴ」を捨て去ったならば、生きていくことはできないでしょう。

そして、**「エゴ」は、表面に出てこないように抑えても、必ず、別なところで形を変えて、表に出てきます。**

――別なところで、形を変えて出てくる・・・？

田坂　そうです・・・。例えば、会社で同期入社の同僚が先に昇進する。それを妬む「エゴ」の動きが自分の中に芽生えたとき、それを「ああ、こんな妬みを持ってはいけない」と抑圧し、心の表面から消しても、その同僚が病気になって休職することになったとき、それを密かに喜ぶ「エゴ」が心の中に現れてくる・・・。そうした形で、隠れていた「エゴ」は、形を変えて、表に出てきます。

――抑えても、別なところで出てくる・・・。たしかに、**我々の「エゴ」の動きは、厄介であり、怖い**ですね・・・。では、どうすればよいのでしょうか？

ただ、静かに「エゴ」を見つめる

田坂　この厄介な「エゴ」の動きに処する方法は、実は、ただ一つです。**ただ、静かに見つめる・・・。**それだけです。

――ただ、静かに見つめる・・・。それだけですか・・・？

田坂　それだけです。**ただ、静かに見つめる。それだけで、不思議なほど、「エゴ」の動**

きは静まっていきます。

例えば、同僚が先に昇進して、それを妬む「エゴ」の動きが自分の心の中に芽生えたとき、それを、「ああ、こんな妬みを持ってはいけない」と抑圧するのではなく、「ああ、自分の心の中の『エゴ』は、同僚の昇進を妬んでいるな・・・」と、ただ、静かに見つめることです。抑えるのでもなく、煽るのでもなく、否定するのでもなく、肯定するのでもなく、文字通り、「静かに見つめる」のです。

もし、それができたなら、不思議なほど、心の中の「エゴ」の動きは、静まっていきます。その「エゴ」は、決して消え去っていくわけではありませんが、静まっていきます。

――なるほど・・・。それが、「**静かな観察者**」**が**「**エゴ・マネジメント**」**において大切になる**理由ですね・・・。

田坂　そうです。自分の心の中に、虚栄心や猜疑心、嫌悪感や不満、恨みや妬み、といった「エゴ」の否定的な動きや破壊的な動きが生じたとき、「静かな観察者」が現れ、ただ、静かに見つめる。そのことによって、「エゴ」の動きは静まっていくのです。

その意味で、「静かな観察者」は、「エゴ・マネジメント」において、極めて大切な役割を果たします。そして、その「**エゴ・マネジメント**」**が、我々の**「**豊かな人間性**」**を開花させるために、不可欠**なのですね。

――「エゴ」の動きに対しては、「ただ、静かに見つめる」。その技法は、これから実践してみたいと思いますが、我々の心の中の「エゴ」に処する技法は、「ただ、静かに見つめる」という技法だけなのでしょうか？

田坂　とても大切な質問ですね。たしかに、心の中で「エゴ」が蠢《うごめ》いているときの処し方は、「ただ、静かに見つめる」、それだけですが、長期的な視点で見るならば、**心の中の**「**エゴ**」**に対しては、実は、もう一つ、大切な処し方がある**のですね。

――それは、どのような処し方でしょうか？

「小さなエゴ」から「大きなエゴ」へ

田坂　**「エゴ」を、育てる**ことです。

――「エゴ」を・・・、育てる・・・のですか？

田坂　そうです。我々の心の中の「エゴ」を、**「小さなエゴ」から「大きなエゴ」へと、育てる**のです。

――「大きなエゴ」へと、育てる・・・。

田坂　そうです。それが、**「エゴ・マネジメント」**の、**もう一つの重要な技法**なのです。
そして、それゆえにこそ、この日本という国では、昔から、あの言葉が、大切な言葉として使われるのです。

「小我」から、「大我」へ

この言葉は、**人間の心の中の「小さなエゴ」（小我）を無くすことはできない。されば、その「エゴ」を「大きなエゴ」（大我）へと育てていくべきだ**と、教えているのですね。

――その意味を、もう少し分かりやすく・・・。

田坂　いや、**我々は、誰もが、無意識に、自分の心の中の「小さなエゴ」を「大きなエゴ」に育てているのですね。**

例えば、この言葉を、ビジネスパーソンの「エゴ」と「幸せ」という視点で考えてみましょう。

まず、会社に入社したばかりのときは、誰もが、「どうすれば、自分が、ビジネスパーソンとして、幸せになれるか」という意識が心を占めています。この段階の「エゴ」は、まだ、「自分」だけを見つめています。

しかし、何年か経って、管理職になり、部下を預かるようになると、「縁あって巡り会った部下を、幸せにしなければ」といった意識が芽生えてきます。この段階の「エゴ」は、「自分」だけでなく「部下」も見つめるようになっています。

さらに、経営幹部になると、「この会社を、社員の誰もが幸せを感じられる会社にしなければ」といった意識になっていきます。この段階の「エゴ」は、「自分」や「直属の部下」だけでなく、「社員全体」を見つめています。

敢えて単純化した説明をしましたが、この場合、「エゴ」は、「自分だけを見つめているエゴ」から「部下の人生をも包み込んだエゴ」へ、さらには、「社員全員を包み込んだエゴ」へと大きくなっているのです。

――つまり、それは、「自分のエゴ」を、部下や社員のために捨てているプロセスではないのですね?

田坂　ええ、それは、**「自分のエゴ」を、部下や社員を包み込んだ「大きなエゴ」へと育てているプロセス**なのです。

なぜなら、この「自分のエゴ」にとっては、「部下を幸せにする」ことも、「社員全員を幸せにする」ことも、「自分の喜び」であり、「自分の幸せ」だからです。その機微を、昔から、仏教では、**「自利は、利他なり。利他は、自利なり」**と教えているのですね。

――なるほど、「自利は、利他なり。利他は、自利なり」ですか・・・。

田坂 そうですね。そして、こうした形で、「小さなエゴ」を「大きなエゴ」へと育てていくと、自然に、その「エゴ」は、否定的動きや破壊的動きをしなくなっていくのです。いや、むしろ、「大きなエゴ」は、「他人の幸せ」を「自分の幸せ」と感じられる「エゴ」ですので、周りの人間や会社全体、さらには、社会全体に、良き影響を与えていくのですね。

「小我」から「大我」へ、そして「無我」へ

――なるほど・・・。それが、『小我』から、『大我』へ」という言葉の意味なのですね・・・。よく分かりました。

では、さらに伺いますが、我々が、そうして「小我」を「大我」へと育てていくと、その先で、何が起こるのでしょうか？

田坂　実は、そのことも、日本という国では、昔から、一つの言葉で教えています。

「大我」は、「無我」に似たり。

すなわち、我々が、心の中の「小さなエゴ」を「大きなエゴ」に育てていったとき、いつか、「エゴ」が消えていったような境涯になるのですね。もちろん、その「エゴ」は、全く消えていったわけではないのですが・・・。

――なるほど、『大我』は、『無我』に似たり」ですか・・・。

「小我」から「大我」へ、「大我」から「無我」へ。日本の思想は、深いですね・・・。

では、どうすれば、我々は、その「小我」を「大我」へと育てていくことができるのでしょうか？

田坂　大切な質問ですね・・・。敢えて、一言でお答えしましょう。

人生において、「志」や「使命感」を持って、生きることです。

自分のささやかな人生を、世の中のために、多くの人々の幸せのために、使いたい。

その「志」や「使命感」を持つことです。

そのとき、我々の中の、「自分」だけを見つめる「小さなエゴ」が、仲間を見つめ、社会を見つめ、世界を見つめる「大きなエゴ」への成長の道を歩み始めるのですね。

そして、我々の中の「小我」が「大我」へと育っていくのですね。

「志」や「使命感」を抱いて生きる

――やはり、「志」や「使命感」ですか・・・。先生は、『仕事の思想』や『未来を拓く君たちへ』などの著作の中で、その「志」や「使命感」の大切さを、繰り返し語られていますね。その意味で、この対話の最後が、「志」と「使命感」の話になるのは、やはり、田坂先生らしい締めくくりと思います。

ただ、この対話、我々の中の「隠れた人格と才能」を開花させるための技法を教えて頂くつもりで始めましたが、予想を超え、本題の「多重人格のマネジメント」が「深層意識のマネジメント」や「エゴ・マネジメント」の話にまで及びました。

随分、深い話まで聞かせて頂いたという感もありますが・・・。

田坂　いえ、この話は、ようやく「多重人格のマネジメント」という「序章」が終わったばかりなのですね・・・。

なぜなら、「深層意識のマネジメント」と「エゴ・マネジメント」については、今回は、その概略に触れただけですが、実は、それを本格的に実践した先に、本当の「人格と才能の開花」があるからです。そして、「人間性の開花」があるからです。

だから、今回の対話においては、まだ、その「序章」を語ったにすぎません・・・。

――まだ、「序章」ですか・・・。

田坂　もちろん、今回の対話で語った技法を実践されるだけでも、多くの方が、様々な形で「人格と才能の開花」を経験されるでしょう。しかし、それは、まだ、我々の中に眠る「可能性」の、ごく一部が開花したにすぎない、ということも付け加えておきたいと思います。

――なぜ、そう思われるのでしょうか？

田坂　第二話の最後に述べた、「万能の天才」、空海やダ・ヴィンチの「多彩な才能」の秘密は、この「多重人格のマネジメント」と「深層意識のマネジメント」「エゴ・マネジメント」にあると思うからです。

もとより、我々、普通の人間が、それほど容易に、彼らの歩み至った世界に、足を踏み入れることはできないと思いますが、彼らが、その後姿で示してくれた「人間という存在の素晴らしい可能性」を信じ、その道を探し求め、歩んでみたいと思うのですね。

それは、「見果てぬ夢」かもしれませんが・・・。


――そうであるならば、この話の続きが楽しみですね・・・。

また、近い時期に、この対話の続編を行わせて頂ければと思います。

その「見果てぬ夢」・・・。私の好きな曲の題名でもありますので・・・。


田坂　「見果てぬ夢」、その曲の英語の題名は、「The Impossible Dream」ですね。

しかし、私は、この夢は、いつの日か、実現できる夢であると信じているのですね。

いつの日か、人類は、この夢を実現する。

そう信じているのですね・・・。

謝辞

最初に、光文社の三宅貴久さんに、感謝します。

いつもながら、三宅さんの見事な仕事に支えて頂き、この書が生まれました。


また、今回、対話の相手を務めて頂いた、田坂塾のT氏に感謝します。

T氏からの質問は、しばしば、私の中の、さらに深い思索を引き出してくれました。

それゆえ、T氏から発せられた言葉は、なぜか、自分自身の声のような気がしています。


T氏とともに、仕事のパートナー、藤沢久美さんに、感謝します。

藤沢さんには、読者の目線に立って、原稿への的確なコメントを頂きました。

そして、いつも温かく執筆を見守ってくれる家族、
須美子、誓野、友に、感謝します。

この富士の地にも、また、新緑の季節が近づいています。
森から吹いてくる爽やかな春風は、「永遠の一瞬」を運んでくれます。

最後に、すでに他界した父母に、本書を捧げます。

本書の一つの主題は、「いかにして、自己限定を脱し、才能を開花させるか」。

人生を顧みれば、父母の小生への最も大切な教えは、
「自己限定をせず、自分の中に眠る無限の可能性を、信じること」でした。
その教えが、一人の未熟な人間の中から、様々な可能性を開花させてくれました。

そのことへの感謝の思いは、六四歳を迎え、深まるばかりです。

二〇一五年四月一七日

田坂広志

「人生」を語る

『未来を拓く君たちへ』（ＰＨＰ研究所）
『いかに生きるか』（ソフトバンク・クリエイティブ）
『人生の成功とは何か』（ＰＨＰ研究所）
『人生で起こること　すべて良きこと』（ＰＨＰ研究所）
『逆境を越える「こころの技法」』（ＰＨＰ研究所）
『すべては導かれている』（ＰＨＰ研究所、小学館）
『運気を磨く』（光文社）
『運気を引き寄せるリーダー　７つの心得』（光文社）

「仕事」を語る

『仕事の思想』（ＰＨＰ研究所）
『なぜ、働くのか』（ＰＨＰ研究所）
『仕事の報酬とは何か』（ＰＨＰ研究所）
『これから働き方はどう変わるのか』（ダイヤモンド社）

「成長」を語る

『知性を磨く』（光文社）『人間を磨く』（光文社）
『直観を磨く』（講談社）『能力を磨く』（日本実業出版社）
『人は、誰もが「多重人格」』（光文社）
『なぜ、優秀な人ほど成長が止まるのか』（ダイヤモンド社）
『成長し続けるための 77 の言葉』（ＰＨＰ研究所）
『知的プロフェッショナルへの戦略』（講談社）
『プロフェッショナル進化論』（ＰＨＰ研究所）

「技法」を語る

『なぜ、時間を生かせないのか』（ＰＨＰ研究所）
『仕事の技法』（講談社）『意思決定 12 の心得』（ＰＨＰ研究所）
『経営者が語るべき「言霊」とは何か』（東洋経済新報社）
『ダボス会議に見る世界のトップリーダーの話術』（東洋経済新報社）
『企画力』（ＰＨＰ研究所）『営業力』（ダイヤモンド社）

主要著書

「思想」を語る

『生命論パラダイムの時代』（ダイヤモンド社）
『まず、世界観を変えよ』（英治出版）
『複雑系の知』（講談社）『ガイアの思想』（生産性出版）
『使える弁証法』（東洋経済新報社）
『自分であり続けるために』（ＰＨＰ研究所）
『叡智の風』（ＩＢＣパブリッシング）
『深く考える力』（ＰＨＰ研究所）
『死は存在しない』（光文社）

「未来」を語る

『田坂広志 人類の未来を語る』（光文社）
『未来を予見する「５つの法則」』（光文社）
『未来の見える階段』（サンマーク出版）
『目に見えない資本主義』（東洋経済新報社）
『忘れられた叡智』（ＰＨＰ研究所）
『これから何が起こるのか』（ＰＨＰ研究所）
『これから知識社会で何が起こるのか』（東洋経済新報社）
『これから日本市場で何が起こるのか』（東洋経済新報社）

「経営」を語る

『複雑系の経営』（東洋経済新報社）『暗黙知の経営』（徳間書店）
『なぜ、マネジメントが壁に突き当たるのか』（ＰＨＰ研究所）
『なぜ、我々はマネジメントの道を歩むのか』（ＰＨＰ研究所）
『こころのマネジメント』（東洋経済新報社）
『ひとりのメールが職場を変える』（英治出版）
『まず、戦略思考を変えよ』（ダイヤモンド社）
『これから市場戦略はどう変わるのか』（ダイヤモンド社）
『官邸から見た原発事故の真実』（光文社）
『田坂教授、教えてください。これから原発は、どうなるのですか？』
（東洋経済新報社）

著者情報

田坂塾への入塾

思想、ビジョン、志、戦略、戦術、技術、人間力という
「7つの知性」を垂直統合した
「21世紀の変革リーダー」への成長をめざす場
「田坂塾」への入塾を希望される方は
下記のサイト、もしくは、メールアドレスへ

http://hiroshitasaka.jp/tasakajuku/
(「田坂塾」で検索を)
tasakajuku@hiroshitasaka.jp

田坂塾大学への訪問

田坂広志の過去の著作や著書、講演や講話をアーカイブした
「田坂塾大学」は、広く一般に公開されています。訪問は、下記より

http://hiroshitasaka.jp/tasakajuku/college/
(「田坂塾大学」で検索を)

「風の便り」の配信

著者の定期メール「風の便り」の配信を希望される方は
下記「未来からの風フォーラム」のサイトへ

http://www.hiroshitasaka.jp
(「未来からの風」で検索を)

講演やラジオ番組の視聴

著者の講演やラジオ番組を視聴されたい方は
下記「田坂広志　公式チャンネル」のサイトへ
(「田坂広志　You Tube」で検索を)

田坂広志（たさかひろし）

1951年生まれ。'74年東京大学卒業。'81年同大学院修了。工学博士（原子力工学）。'87年米国シンクタンク・バテル記念研究所客員研究員。'90年日本総合研究所の設立に参画。取締役等を歴任。2000年多摩大学大学院の教授に就任。同年シンクタンク・ソフィアバンクを設立。代表に就任。'05年米国ジャパン・ソサエティより、日米イノベーターに選ばれる。'08年世界経済フォーラム（ダボス会議）のGlobal Agenda Councilのメンバーに就任。'10年世界賢人会議ブダペスト・クラブの日本代表に就任。'11年東日本大震災に伴い内閣官房参与に就任。'13年全国から7700名の経営者やリーダーが集まり「21世紀の変革リーダー」への成長をめざす場「田坂塾」を開塾。著書は100冊余。

人《ひと》は、誰《だれ》もが「多重人格《たじゅうじんかく》」 誰《だれ》も語《かた》らなかった「才能開花《さいのうかいか》の技法《ぎほう》」

2015年5月20日初版1刷発行
2023年5月25日　　5刷発行

著　者 ── 田坂広志

発行者 ── 三宅貴久

装　幀 ── アラン・チャン

印刷所 ── 堀内印刷

製本所 ── ナショナル製本

発行所 ── 株式会社光文社
東京都文京区音羽1-16-6(〒112-8011)
https://www.kobunsha.com/

電　話 ── 編集部03(5395)8289　書籍販売部03(5395)8116
業務部03(5395)8125

メール ── sinsyo@kobunsha.com

　ISBN 978-4-334-03856-4

753
人は、誰もが「多重人格」
誰も語らなかった「才能開花の技法」
田坂広志

なぜ、「隠れた人格」を育てると、「隠れた才能」が現れるのか？　21世紀のダ・ヴィンチは、いかにして生まれるか？——新たな「才能開花の技法」を対話形式で説く。

978-4-334-03856-4

754
ヤバいLINE
日本人が知らない不都合な真実
慎武宏　河鐘基

日本人の四割強、国内だけで五八〇〇万人のユーザーを抱えるLINE。その複雑なビジネスモデルを徹底解説し、社会的インフラとしての「責任」を問うノンフィクション。

978-4-334-03857-1

755
入門　組織開発
活き活きと働ける職場をつくる
中村和彦

仕事や会社でのストレス、職場や部門間でのコミュニケーション不足、上司や経営層への不信感ｅｔｃ.。これらの問題を解決するには？　「人」「関係性」に働きかける最新理論。

978-4-334-03858-8

756
もしも、詩があったら
アーサー・ビナード

文学において、思考において、そして人生において、「if」の果たす役割はどれだけ大きいことか。古今東西の選りすぐりの名詩を味わいながら、偉大なる「もしも」の数々を紹介。

978-4-334-03859-5

757
やってはいけないダイエット
坂詰真二

流行の「○○ダイエット」のほとんどは効果がないか、命の危険！　大ヒット「やってはいけない」シリーズの人気トレーナーが体脂肪だけ減らす確実・安全なダイエット法を伝授。

978-4-334-03860-1